한국 장애인복지정책의 실제와 대안 (2판)

이준우 · 정지웅 공저

신정

개정판 서문

2014년에 이 책의 초판이 발간되었을 때, 여러 독자들이 건설적인 비판과 함께 지지와 격려, 성원을 해 주셨다. 그 가운데에 가장 많은 의견이 하나 있었는데, 그건 다름 아닌 아마도 이 책은 자주 개정판을 내야 할 것 같다는 것이었다. 각종 통계와 자료의 수치 등이 매년 갱신될 것이고, 정책과 제도의 변화에 따라서도 그 서비스의 내용과 수준이 바뀔 것이기 때문이었다.

실제로 책이 나온 후에 장애인복지정책과 시책들이 지속적으로 진화해 왔다. 솔직히 정신을 차릴 수 없을 정도로 급변했다고 말해도 무방할 것이다. 이를 테면 〈발달장애인 권리보장 및 지원에 관한 법률의 제정〉, 〈장애인 인권에 대한 민감성 강화〉, 〈장애인등급제 개편에 따른 맞춤형 서비스 제공〉, 〈한국수화언어법의 제정과 시행〉 등 장애인 당사자의 복잡다단한 욕구에 대응하는 다양한 방식의 제도적 개선이 이루어진 것을 말할 수 있다.

이에 예상보다 훨씬 빨리 책의 내용을 수정해야 할 필요가 제기되었다. 그러던 차에 마침 이 책의 초판이 거의 다 나갔다는 반가운 소식을 출판사로부터 전달받았다. 참 감사했다. 부족한 책임에도 구입해 주시고, 읽어주신 독자들이 많이 계셨다는 사실에 힘을 얻었다. 그래서 저자인 우리 두 사람은 변화된 내용들을 전면적으로 수정 보완하여 이렇게 개정판을 서둘러 내게 되었다. 특히 이번 개정판에서는 독자들이 제안해 주신 다양한 의견들을 적극 반영하였다. 대표적인 예를 소개하면 '노멀라이제이션(Normalization)'을 '정상화'라고 초판에서는 사용했었는데, 장애 당사자의 입장에서 보면 '정상'이라는 말이 썩 바람직한 용어가 아니라는 지적과 의견이 많았다. 이에 '보편화(Normalization)'라는 용어로 수정하였다.

한편 이 책은 매우 무미건조한 내용으로 구성되어 있음을 부인할 수 없다. 현재 우리나라 장애인복지의 정책과 제도가 실제적인 서비스로 전환되어 장애인 당사자들에게 전달되는 내용을 있는 그대로 정리해 놓았기 때문이다. 그 내용에는 저자들의 주관적 판단이나 의견 등이 개입될 여지가 없을 뿐더러 오히려 정확한 사실을 설명하는 데에 주안점을 둘 수밖에 없었던 것이다. 그럼에도 저자인 우리 두 사람은 정책과 제도가 이 땅에서 빈곤과 장애로 고통받으며 살아가는 사람들에게 최소한의 버팀목이라도 되어줄 수 있음을 보여주려고 애썼다.

문득 김지하 시인의 시 〈사랑〉이 떠오른다. 그 내용 중 일부는 이렇다. "누굴 보듬어 안을 만큼 / 팔이 길었으면 좋겠는데 / 팔이 몸통 속에 숨어서 / 나오기를 꺼리니 … 중략 … 커다랗게 웃어 / 몸살로라도 다가가 / 팔 내밀어 보듬어 볼 수밖에." 몸통 속에 숨은 팔은 누군가가 그 팔을 끄집어내어야 할 일이다. 장애인복지 현장에서 장애인 당사자들을 바라볼 때마다 그들은 몸통 속에 팔을 숨기고 있는 '존재 같다'는 생각을 하곤 했다. 장애 그 자체 때문이기도 하거니와 사회적 편견에도 크게 시달리고, 이해타산에 따라 대우받고, 경쟁에 지쳐 안으로 오그라든 팔을 내밀어 다시금 세상에서의 삶을 살아보려는 연습을 해야 한다는 마음이 들었다. 많은 사람들이 삶에 지칠 때 하늘을 바라본다고 한다. 그 이유가 무엇일까? 모두를 하나로 감싸 안는 크고 텅 빈 가슴이 그곳에 있기 때문이 아닐까? 그렇다! 장애인 당사자들이 힘들 때, 쳐다보며 의지할 수 있는 하늘과 같은 정책과 제도가 있다면 장애인의 행복한 삶은 가능해지지 않을까 싶다. 아직은 여전히 가야 할 길이 멀지만 그래도 많이 나아진 한국의 장애인복지정책과 제도의 실제를 찬찬히 설명해 보면서 더 좋은 장애인복지서비스를 제공할 수 있는 방안을 모색해 보는 작업은 매력적이고 보람 있는 일임에 틀림없다.

작은 책이지만 앞으로도 계속 개정을 거듭해 가면서 장애인복지 현장에 실질적인 도움을 주었으면 한다. 변화가 많은 세상이니까 이 책의 수명도 더 단축될 수밖에 없을 것이다. 그러니 저자들의 간절한 바람은 이 책이 더 잘 팔렸으면 하는 것이다. 그래야지 제때에 개정판을 낼 수 있을 것 같기 때문이다.

오늘도 여전히 대한민국의 장애인들을 사랑하시는 하나님께 영광과 감사를 올려 드린다.

2017년 3월 1일
이준우 · 정지웅

초판 서문

이 책을 쓴 저자인 두 사람은 사제지간이다. 석사과정과 박사과정에서 정지웅 군을 지도하였는데 하루가 다르게 쑥쑥(?) 성장하는 그를 보면서 무척이나 행복해했던 기억이 떠오른다. 열심히 노력하는 제자를 만나는 것이 선생의 복이라고 한다면 나는 정말 축복받은 사람이라고 생각한다. 2011년 여름 마침내 박사학위를 받고, 한창 취업을 준비하던 정지웅 군과 커피 한잔 하면서, 앞으로의 진로 문제와 우리가 함께 연구하고 있는 장애인복지에 대한 여러 의제들을 갖고 깊은 대화를 나누었다. 그 내용들의 핵심은 우리나라 장애인복지정책과 그 정책이 실현되는 실제 현상에 대한 것이었다.

그런데 한참 이야기하다 보니, 장애인복지에 대한 담론과 이론 그리고 실천 방법과 기술 등에 관한 전문적인 지식과 국외의 장애인복지 관련 정보들은 상당하게 갖고 있었으나, 막상 우리나라에서 이루어지고 있는 정책과 시책, 실질적인 서비스 내용에 대해서는 모르는 것이 너무나 많다는 사실을 깨닫게 되었다. 이는 지금까지 사회복지학계에서 출판된 대부분의 서적들이 이론적인 측면에 초점을 맞춘 것들이 대부분인 것과도 무관하지 않다고 생각한다. 답답한 마음에 정지웅 박사에게 우리나라에서 시행되고 있는 장애인복지정책과 시책들을 조사해 보자고 하였다. 그러고는 분주한 일상 가운데 정신없이 일하면서 까맣게 잊어버렸다.

며칠 후 정지웅 박사가 대학에 교수로 임용되어 스승에게 감사하다고 인사하러 오면서 자신이 조사해서 정리한 자료를 갖다 주었다. 그 자료를 찬찬히 읽어보면서 이 내용을 잘 정리하면 장애인을 대상으로 정책을 개발하고 집행하며, 일선 현장에서 서비스 개입실천을 하는 정책가 및 사회복지사들에게 도움이 되겠다는 확신이 들었다.

부랴부랴 출판사를 정하고는 시간을 내어 꼼꼼하게 자료를 다듬고 고치고 정리하였다. 그런데 예상치 못한 몇 가지 개인적인 일들이 생겼고, 또 학교 일도 이전보다 더 많아지는 바람에 조금만 더 시간을 내었으면 될 일을 남겨 둔 채, 1년가량을 그냥 흘러 보내고 말았다.

그러다가 문득 생각이 나서 다시 자료를 보니 더 시간을 늦췄다가는 자칫 이 책의 내용이 무용지물이 될 수도 있겠다는 절박한 마음이 들었다. 왜냐하면 정책과 시책은 언제든 변할 수 있기 때문이다. 그래서 바쁜 가운데에 시간을 내어 마지막 마무리에 집중하여 원고를 탈고할 수 있었다. 그 결과, 이제야 작지만 꼭 필요한 내용으로 가득한 이 책이 세상에 나오게 되었다.

이 책은 크게 세 부분으로 구성되어 있다.

첫째 부분은 Part 1로, 장애인복지정책의 기초가 되는 장애 개념과 장애인복지이념에 관한 것이다. 아무리 실제 현존하고 있는 장애인복지정책을 소개하고 분석하는 것이 본서의 주목적이라고 하지만, 내용을 다루는 방향과 시각에 대한 부분을 짚고 넘어가지 않을 수 없어, 장애인복지정책의 개발과 집행의 초석이 되는 내용을 요약적으로 다루어 보았다.

둘째 부분은 Part 2와 3으로, 한국 장애인복지정책에 대한 소개 및 분석이다. 이 부분은 현재 우리나라에서 시행되고 있는 주요한 장애인복지정책을 있는 그대로 살펴보고(facts), 그러한 정책과 실천의 장단점은 무엇인지 고찰하며(critique), 이를 토대로 실질적으로 설정이 가능한 대안까지 제시하는 것(alternatives)을 목표로 집필되었다. 이러한 필자들의 목표에도 불구하고, 막상 집필을 마무리하는 시점에서 보니, 비판적인 분석도, 건설적인 대안도 부족하기만 하다. 이는 추후에 지속적으로 수정·보완하고자 한다.

셋째 부분은 마지막 Part 4로, 한국 장애인복지정책의 전망과 대안에 대한 것이다. 지금까지 한국 장애인복지는 열악한 여건 속에서도 많은 사람들의 헌신과 관심, 지원으로 눈부신 발전을 이룩해왔다. 여기에는 분명 계승하고 발전시켜야 할 것들이 많다. 또 그럼에도 불구하고 아직까지 미진한 부분들이 있음도 지적하지 않을 수 없다. 이에 향후 우리나라의 장애인복지가 나아가야 할 방향과 과제를 제시해 보았다.

앞서도 언급하였던 것처럼 부족한 것이 많은 책이지만, 독자제현의 질책으로 보다 나은 책으로 발전시킬 것임을 기대한다. 이 책이 나오기까지 수고해 주신 분들이 생각난다. 먼저 출판사와의 업무 조정과 교정 및 교열 등을 헌신적으로 해준 강남대학교 사회복지전문대학원 박사과정 제자인 박종미 선생에게 고마운 마음을 전한다. 그리고 이토록 책을 정성

껏 만들어 주신 도서출판 신정 최용구 사장님과 중간에서 애써 주신 장만동 전무님을 비롯한 직원 여러분께 큰 감사를 드린다.

끝으로 마음을 다해 지도하고 이제는 함께 학문의 동반자로 연구해 갈 수 있는 제자를 만나게 하시고, 두 사람이 행복하게 공부할 수 있는 여건을 조성해 주시는 살아 계신 하나님께 영광과 찬송과 감사를 올린다.

2014년 1월 1일
이준우 · 정지웅

차례

PART 03
의료 및 재활정책

PART 04

한국 장애인복지정책의 향후 전망과 과제

01 PART

한국 장애인복지정책의 기초적 논의

한국의 장애인복지정책을 본격적으로 알아보기에 앞서, 장애인복지정책의 기초가 되는 장애 개념과 장애인복지의 이념에 대해 함께 논의해 보고자 한다. 먼저, 장애 개념은 장애를 어떻게 바라보는가에 대한 이론적 관점이 된다. 따라서 객관적으로 존재하고 있는 어떠한 장애 혹은 장애인의 상황을 두고서도, 장애인복지정책 개발자 및 집행자가 어떠한 장애 개념을 가지고 있는가에 따라 전혀 다른 장애인복지정책이 수립되어 시행될 수 있다. 한편 장애인복지의 이념은 '장애인복지가 이러저러해야 한다.'라는 것을 말하고 있는 지향점(directing point) 혹은 이상(ideal)이 된다. 따라서 어떠한 장애인복지 이념을 설정하고 있는가에 따라서도 장애인복지정책의 현실적인 모습은 달라질 수 있다.

제1장

장애 개념

1. 의료적 · 개별적 모델

오늘날 사회복지 분야를 포함하여 대부분의 휴먼서비스(Human Service) 영역에서 장애 개념은 사회적 · 문화적 관점에 따라 '손상'이나 '상실'보다는 사회적 참여를 적극적으로 할 수 있도록 지원해야 할 도전과 기회의 상황으로 정리되고 있다(김종인 · 우주형 · 이준우, 2010). 하지만 '장애'라고 말할 때, 많은 사람들은 신체적 · 정신적 기능의 상실로 인해서 초래되는 어떤 비극적인 불행을 먼저 생각한다. 이러한 장애 개념은 의료적 · 개별적 모델에 따라 장애를 의학적 진단과 치료라는 관점으로 보고, '손실', '손상', '결손' 등으로 인식하는 데에 따르는 것이다. 그리고 이와 같은 의료적 · 개별적 모델은 장애를 철저하게 인과론적 논리에 근거하여 보게 한다. 질병이 생겨서 손상이 발생하고 이는 기능장애로 이어지며 결과적으로 사회적 불이익을 초래한다는 것이다.

질병 → 손상 → 기능장애 → 사회적 불이익

[그림 1-1] 의료적 · 개별적 모델에서 말하는 장애의 인과관계

출처: 김홍덕 (2010). 장애신학. p. 14 재수정.

의료적 · 개별적 모델은 1980년에 세계보건기구(WHO)가 제시한 ICIDH(International Classification of Impairments, Disabilities and Handicaps)의 장애 개념을 말한다. 이 모델은 장애의 정의를 세 단계로 구분하였다. 즉 손상(Impairments), 기능장애(Disabilities), 사회적 불이익(Social Handicaps)이다(김도현, 2009; 김종인 · 우주형 · 이준우, 2010; 김홍덕, 2010).

손상이란 심리학적 · 생리학적 또는 해부학적 구조나 기능에 어떤 이

상이 생겼거나 손실된 경우를 말한다. 기능장애란 사람이 정상적이라고 간주하는 범주 또는 방법으로, 활동하는데 방해가 되는 어떤 제약 또는 신체장애로부터 발생한 기능 상실을 의미한다. 사회적 불이익이란 신체적 손상 또는 장애 때문에 자신의 역할이 제한 또는 방해를 받는 사회적 불이익을 말한다. 즉, 사람의 신체적 구조나 기능이 손상을 입거나 손실될 때 이 손상 때문에 활동이나 행동에 기능상 장애를 가져오게 되고, 이런 기능장애 때문에 사회적인 불이익을 겪게 된다는 이론이다. 그러므로 이 모델은 장애인이 사회에서 살아남으려면 자신의 장애를 유발하고 있는 신체적 손상을 보상시켜 주거나 또는 기능을 증진시킬 수 있는 재활의학 내지 재활치료 등과 같은 개입실천을 수행함으로써 사회적 불이익을 최소화하도록 장애인을 이끌어 나가게끔 돕는다.

일면 이 모델에는 큰 장점이 있다. 즉 오늘날의 재활 프로그램을 강화시키는 데에 큰 역할을 하였다는 것이다. 예를 들면 한쪽 팔이 없는 지체장애인은 한쪽 팔이 없기 때문에 그 팔로 할 수 있는 신체적 기능에 장애가 오고 팔을 사용하는 직업으로부터 소외를 당하게 된다. 따라서 이런 불이익을 최소화시키려면 다른 사람과 경쟁을 할 수 있는 상태로 팔을 복구하거나 또는 대체시키려는 노력을 하게 된다. 바로 여기에서 이 모델은 재활 이론으로 급부상되었으며 실제로 의족과 의수 또는 휠체어를 비롯한 기능적 보조도구로부터 과학을 이용한 각종 장애보조 도구의 발명과 생산을 가져왔고, 물리치료, 작업치료, 언어치료 등 의학적인 치료 및 재활의 발전을 유도하였다.

하지만 이와 같은 장애 개념을 갖게 되면 장애는 자연적으로 몸의 해부학적, 생리학적, 심리학적, 신경 의학적(혹은 정신적) '이상'이나 '비정상'으로 정의될 수밖에 없다(김홍덕, 2010). 또한 이 모델은 장애로 말미암은 불이익의 모든 책임을 개인에게 돌림으로써 사회적인 책임을 회피하는 모습으로 드러날 가능성이 매우 높다.

2. ICF 모델

의료적 · 개별적 모델의 한계를 극복하려는 시도로서 최근에 새로운 장애 개념이 등장하게 되었다. 이중 대표적인 것은 2001년에 세계보건기구에서 제시한 장애 개념인 ICF(International Classification of Functioning, Disability and Health)이다(김도현, 2009; 김종인 · 우주형 · 이준우, 2010).

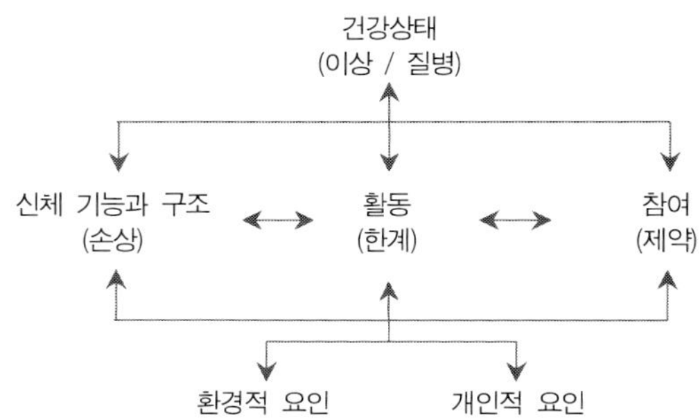

[그림 1-2] ICF의 개념

출처: 김도현 (2009); 김종인, 우주형, 이준우 (2010); 김홍덕 (2010). 재구성.

ICF는 장애를 "사람(신체적 조건)과 상황적 요인(환경적 요인과 개인적 요인)의 결과"로 본다. 따라서 ICF는 장애를 개별적 신체 상태에 따른 결과로 보는 의학적 모델을 극복하고 장애를 신체적 수준(신체적 기능과 구조에 다른 손상), 개인적 수준(활동의 제약), 사회적 수준(사회참여제한)에 따른 기능으로 구분하면서 동시에 이 모든 부분을 합한 것이 장애라는 것이다. 즉 ICF는 의료적·개별적 모델에서 말하는 것처럼 장애를 원인과 결과라는 평면적 도식으로 보지 않고, 장애를 다면적인 요인으로 보고 있다는 점과 질병이나 장애가 아닌 바로 '사람'이라는 점에 강조점을 둔다.

이렇게 ICF는 장애인도 인간으로서의 존엄성과 가치를 가지고 행복을 추구할 권리가 있기 때문에 기본권의 보장이 사회제도적인 차원에서 실현되어야 한다는 인식을 분명하게 갖게끔 해준다. 또한 장애인도 비장애인과 마찬가지로 사회활동에 완전히 참여하고 평등을 보장받아야 하며 동시에 비장애인과 똑같은 인간적 욕구와 개성을 가진 존재이므로 장애인도 개인의 능력과 개성이 존중되어야 한다. 나아가 장애인도 인간으로서의 성장과 발달이 촉진되어 심신의 조화로운 발달을 도모해야 하기 때문에 전인적 성장이 존중되어야 하는 것이다.

제2장

장애인복지 이념

1. 장애인의 사회적 권리

이제 장애인 문제는 장애인 개인의 문제로 보아서는 해결될 수 없는 사회구조적으로 발생되는 문제로서 사회적 · 국가적 노력이 수반되어야만 한다. 장애인복지정책의 이념은 모든 사람들에 있어서 기회균등이 권리로 보장되어야 한다는 것과, 인간은 단편적인 부분으로 나눌 수 없는 전인격적 존재이며, 모든 인간은 욕구나 잠재력의 면에서 독특한 존재라는 것에 기초를 둔다. 따라서 사회는 모든 인간에게 주어진 개별적 잠재력과 욕구를 지닌 모든 사람에게 동등하게 서비스를 제공하여 잔존능력을 최대한으로 신장시켜 줌으로써 개인적 실현은 물론 사회적 실현까지 이룰 수 있게 하여야 한다.

이러한 사회적 가치의 실현은 모든 사람이 행복하게 살며, 인간다운 삶을 영위하도록 한다는 복지국가 실현에의 기여뿐만 아니라 자본주의 사회에서 성취되는 경제적 유용성 또한 크다. 즉 장애인에게 서비스를 공급하여 유급고용에 종사할 수 있도록 함으로써 그 사람이 국가 복지의 수혜대상자로 남아 있을 때보다 세금납세자가 되게 하여 오히려 사회경제적 이익을 가져다준다는 인간개발의 가치에 비중을 둔다(김종인 · 우주형 · 이준우, 2010).

그러므로 인간으로서의 존엄성을 지닌 모든 인간이 사회복지 서비스를 누릴 '사회적 권리'를 획득하여 자립적인 삶을 살 수 있게끔 국가는 노력해야 한다. 즉, 누구나 자신이 스스로 양질의 삶을 선택할 자유를 실현할 수 있도록 해야 하는 것이 국가의 사명인 것이다. 다시 한 번 강조하면, 국가는 사회정책을 통해 모든 국민이 자립적인 삶을 살 수 있도록 해야 한다.

여기에서의 자립적 삶이란 스스로 자신의 삶을 통제할 수 있는 것으로서 의사결정권, 사회적 역할수행, 직업생활의 영위 등의 범위를 포함한다. 이것을 위해서는 장애인을 사회에 끼워 맞추는 것이 아니라 사회의 여건을 장애인이 자립적인 생활을 영위할 수 있도록 변화시켜야 한다. 개인의 자립적인 삶은 장애인 자신의 역량강화로, 개인별로 독특한 능력을 지닌 존재로 인정받으며 동시에 장애인 스스로 자신들의 목소리를 높여 자신들의 권리는 자신들이 주장하고 찾아나갈 수 있게 될 때 더욱 신장될 것이다. 이런 맥락에서 보면 장애인의 자립적인 삶은 당연히 누려야 하는 사회적 권리를 획득함으로써 실현되는 것이라 할 수 있다.

즉, 일방적인 시혜적 복지시책과는 달리 장애당사자주의 입장에서 수행되는 사회복지의 관점에서는 장애인 개인은 자신의 욕구를 표현하고 자치성을 보호받을 자유로움, 그리고 개인 삶의 질적 향상을 위한 스스로의 선택권을 지녔다고 본다. 그리고 이것을 권리로써 보장해 줄 때, 비로소 장애인복지정책과 실천이 지향하는 개인적 잠재력의 최대한 발휘가 가능하게 되며 동시에 자립적 생활이 현실화되는 것이다.

2. 보편화 원리의 전개

이렇게 장애인의 자립적인 삶을 실현하기 위해서 서구에서는 오래 전부터 '보편화(Normalization)' 원리에 기초한 진정한 '사회통합'을 추구해 왔다. 이른 바, '보편화' 혹은 '보편화 원리'라 불리는 '이념' 혹은 '가치'이다. 우리나라의 경우 1980년대 중반부터 '정상화'라는 용어로 보급된 보편화 원리는 이제 사회통합과 함께 우리나라 장애인복지의 대표적인 이념으로 자리 잡았다.

보편화 원리는 장애인도 비장애인과 같은 권리와 의무를 가져야 한다는 이론으로서, 이는 1950년대에 덴마크에서 일어난 지적장애인 부모회의 운동을 통해서 구체화되었다. 부연하면 1952년 당시 시설개혁을 요구하는 덴마크의 지적장애인 부모 모임의 요구로부터 시작되었던 것이다. 이러한 노력은 1959년에 법제화됨으로써 결실을 맺었고, 이후 뱅크미켈센(Bank-Mikkelsen), 스웨덴의 니르제(Nirje), 미국의 울펜스버거(Wolfensberger)에 의하여 1972년경까지 보편화 원리 사상에 대한 정의가 활발하게 논의되어 왔다. 또한 영국에서는 토웰(Towell), 타이네(Tyne)에 의해 이 사상이 전개되었다. 이후 보편화 원리는 국제연합선언에서 주장되었고, 1981년 국제장애인의 해 주제인 '완전참가와 평등'의 기본 사상으로도 나타났다. 최근 지역사회를 기반으로 하는 탈시설화, 통합, 그룹홈, 보통생활(ordinary life), 권리옹호 등의 어휘는 보편화 원리의 발전 속에 전개되어 온 개념으로서, 이제 보편화 원리는 차별이나 권리가 침해되어 있는 거의 모든 영역에서 보편적으로 적용되어야 할 대인 서비스의 원리로서 우리나라 사회복지 전반에 대두되고 있다(이성규, 2001; 성명옥 역, 2004; 이준우 역, 2008; 김종인 · 우주형 · 이준우, 2010; 이준우, 2012).

이러한 보편화 원리에 대해 좀 더 구체적으로 살펴보면, 보편화 원리는 20세기 중반 스칸디나비아의 지적장애인 서비스 발전에서 그 기원을 찾아볼 수 있다. 1943년 고용정책 조사를 위해 조직된 스웨덴의 한 정부위원회는 그 업적의 지도원리가 될 사회정치적 개념을 개발해 내었는데 그 개념이 바로 보편화 원리였다. 1945년 이후 스웨덴에서는 노동조합운동 세력의 적극적 개입과 함께 주요 정당들 사이에서 국가 복지개혁에 관한 합의가 이루어지게 되었다. 사회적 연대 및 평등에 대한 신념이 새로운 사회복지 프로그램의 기반이 되었다. 사회민주주의자들이나 노동조합주의자들은 특히 노동계층 및 화이트컬러 노동자들의 복지에 집중하였지만 노동계급 외부에 있는 사람들을 지원하기 위한 노력 또한 강력하게 대두되었다(이성규, 2001).

포괄적인 사회복지제도하에서 장애인, 노인, 아동 등과 같은 주변적인 집단 즉 아웃사이더로 인식되던 대상이 하나의 권리이자 전반적인 사회복지의 일환으로서 양질의 서비스와 지원을 제공받게 되었다. 따라서 보편화 원리는 사회전반에 걸쳐 복지정책 실천에 대한 논의가 활발히 진행되고 있던 동안 발전한 것이다. 복지국가를 만들겠다는 야심찬 계획을 실현하기 위해서는 모든 시민으로 하여금 훌륭한 삶을 살 수 있게 해 줄 사회서비스와 의료서비스를 발전시킬 필요가 있었다(이준우 역, 2008; 김종인 · 우주형 · 이준우, 2010).

보편화 원리는 모든 사람이 시민으로서의 혜택을 완전히 누려야 한다는 권리의 철학으로부터 나온 것이었다. 이러한 관점은 보편화 원리가 어떤 한 개인의 창조물이 아니라 광범위한 대중적 지지를 기반으로 형성된 사회적 합의로부터 도출된 하나의 이념임을 말해준다(이성규, 2001). 이러한 보편화 원리는 1959년 덴마크의 지적장애인 법을 만드는데 큰 사상적 영향을 끼치게 된다. 덴마크에서 법률로서 구체화되었던 보편화 원리는 1952년 당시 시설개혁을 요구하는 지적장애인 부모모임의 요구로부터 시작되었다. 이와 같은 노력은 서술한 바와 같이 1959년에 법으로서 결실을 맺었다. 이 법에는 이 법의 주된 목적이 '지적장애인을 가능한 한 최대로 보편적인 생활조건(normal living condition)에 가깝게 생존하도록 하는 것'이라고 정의되어 있다(김종인 · 우주형 · 이준우, 2010).

여기서부터 보편화 원리는 모든 국민을 위한 전반적 복지이념에서 장애인을 대상으로 하는 재활복지 이념으로 적용되기 시작했다. 지금 우리가 말하는 장애인의 보편화 개념의 시작이 이때부터인 것이다. 후에 이 개념은 더욱 발전하여 뱅크미켈센(Bank-Mikkelsen)에 의해 "지적장애인들에게 주거, 교육, 일, 취미활동 등을 포함하여 다른 모든 시민들이 갖는 인간의 기본권을 제공하는 것"을 의미하게 된다(이성규, 2000).

사실 덴마크의 뱅크미켈센은 '1959년 법'의 제정에 깊이 관여했었기에 누구보다도 보편화 원리에 대해 잘 알고 있었다. 그랬기에 뱅크미켈센(Bank-Mikkelsen)이 했던 다음과 같은 말 속에는 보편화 이념의 기본적인 사고방식이 서술되어 있다(성명옥 역, 2004).

> "보편화 이념 그 자체는 지적장애인도 비장애인과 같은 권리와 의무를 가져야 한다고 하는 것 이외에 어떠한 표현도 추가되지 않는다. 보편화는 지적장애인을 이른 바 비장애인으로 만드는 것을 목표로 하는 것이 아니라 그들이 가지고 있는 장애를 함께 수용하는 것으로서 이들에게 보편적인(normal) 생활조건을 제공하는 것을 말한다. 즉 최대한 능력을 개발할 수 있도록 장애인 개개인의 욕구(needs)에 적절한 처우나 교육 또는 훈련을 포함하여 다른 모든 시민에게 주어지는 것과 동일한 조건을 제공하는 것을 의미한다."

1960년대를 거치면서 이 보편화 개념은 특히 지적장애인들을 위한 서비스 개발과 법규의 신설에 많은 영향을 미치게 되는데, 스웨덴에서도 1969년 니르제(Nirje)에 의해 도입된다. 니르제는 이 개념을 스웨덴의 맥락에서 다시 정의하게 되는데, 간추려 보면 "모든 지적장애인의 생활방식과 하루하루의 생활이 그 사회의 일반적인 환경과 생활방식에 가장 가깝도록 만드는 것"이라고 하였다. 나아가서 하루, 일주일, 일 년 동안의 생활리듬 및 인생을 살아가면서 각 단계에 맞는 성장을 하는 것, 결혼과 이성간의 사랑, 경제적 · 환경적인 기준 등을 비교적 자세하게 고려하면서 보편화의 개념을 재정의하였다. 이는 삶의 기본권 보장뿐만 아니라 비장애인의 삶의 질과 견주어 부족함이 없는 상태를 지향하는 것이다(이성규, 2001).

중요한 것은 이러한 보편화 개념이 주로 인간의 기본권 보장에 초점이 맞추어져 있다는 사실이다. 장애인도 인간이므로 다른 비장애인들이 누리고 있는 기본권들을 보장해 주어야 한다는 것이다. 뱅크미켈슨은 '보편화가 주는 가장 뚜렷한 메시지는 모든 사람이 법 아래에서 법적으로 또 행정적으로 평등한 대접을 받아야 한다는 것'이라고 주장하였다(이성규, 2001; 이준우 역, 2008). 이들의 주장에서 우리는 매우 독특한 결론을 도출해 낼 수 있다. 이들은 평등권의 보장이 보편화의 궁극적인 목적이기 때문에 서비스에서 평등성만 보장된다면 장애인이 처해 있는 공간적인 형태는 아무래도 좋다고 하였다. 다시 말하면 평등이라는 것은 장애인들을 비장애인과 분리시킨 환경 속에서도 얻어낼 수가 있다는 것이다. 이들의 주장 속에서 보편화는 목적가치이며 통합이나 분리는 실천적인 수단 가치이기 때문이다. 즉, "분리되었지만 평등할 수 있다(equal but separate)"는 접근방식은 이후 수많은 연구자들의 공감을 일으키게 된다(이성규, 2001).

3. 보편화 원리의 발전

보편화 개념이 스칸디나비아 반도에서 생성되어 발전되고 있는 동안 미국에서도 변화의 움직임이 있었다. 1950년대 중반부터 국영 정신병원을 찾는 사람들이 줄기 시작하였고, 영국의 영향을 받은 시민권 운동의 활성화는 연방 차원에서 정신병을 갖고 있는 사람들의 인권을 실질적으로 고려하여 사회적 제약을 최소화하는 환경을 조성해 치료받을 수 있도록 해야 한다는 결론을 내리기에 이르렀다.

1972년에 발표한 자신의 논문에서 울펜스버거(Wolfensberger)는 보편화를 처음에는 "가능한 한 문화적으로 정상적인 형태와 특징을 창출하고 유지하기 위해 최대한 최선을 다해 문화적으로 보편적인 수단들을 활용하는 것"이라고 광범위하고 추상적인 정의를 내렸다. 이 정의는 나중에 두 가지 관점에서 발전적으로 변화하게 된다. 첫째, 소외받고 있는 집단이 대중으로부터 인식되거나 묘사되는 방법에 대하여 점점 강조하게 되었다는 것이다. 둘째, 문화적인 관점에서의 보편적인 관행을 중시하던 입장에서 사회적으로 가치화된 역할을 중시하는 방향으로 선회하였다는 것이다.

그는 더 나아가 사회적인 맥락에서의 역할을 강조하기 위해서 보편화란 말 대신 새로운 용어인 '사회적 역할의 가치화(Social Role Valorization)'라는 말을 소개하면서 "사회에서 가치가 박탈될 위기에 처해 있는 사람들을 위하여 가치가 내재화된 사회적 역할을 창조하고 지원하며, 방어해 주는 것이 가장 확실하게 표현할 수 있는 보편화의 궁극적인 목표"라고 주장하였다(Wolfensberger, 1989; 김종인 · 우주형 · 이준우, 2010 재인용).

특히 울펜스버거는 보편화 원리를 장애인들에 대한 '가치(관)'의 문제로 사회 구성원들에게 인식시키는 데에 큰 기여를 하였다. 즉 보편화 원리가 우리 사회에 왜 필요한 것인가라는 문제를 실제적으로 제기하였던 것이다. 이는 장애인에 대한 가치(관)를 기본적으로 인정하는 것을 전제해야만 가능한 물음이며 그 가치는 장애를 가진 사람들에 대해 항상 우리가 가지고 있는 내적 의식으로서의 가치라고 하는 것에 문제를 제기하는 것이다. 이렇게 울펜스버거가 약 1983년경부터 '보편화'라는 개념을 대신해 '사회적 역할의 가치화(Social Role Valorization: SRV)'라는 개념을 사용하게 된 가장 주된 이유는 '보편화'라는 개념이 장애인이 가지고 있는 인간으로서의 고유한 가치를 소중히 여겨야 한다는 것을 주장하기 위해서이다(성명옥 역, 2004).

그래서 그는 SRV의 기본이념으로서 장애를 가진 사람들의 '사회적 이미지를 향상시키는 것'과 '능력을 향상시키는 것'을 설정하여, 이 두 가지 개념이 어떻게 서비스 시스템 속에서 실시되고 있는가를 분석하는 '서비스 시스템의 보편화 목표 이행에 관한 프로그램 분석(Program Analysis of Services Systems' Implementation Goals: PASSING)'을 개발했다. 이러한 PASSING은 보편화 이념의 이행 상황을 검토하거나 보편화 이념을 근거로 한 훈련에 이용되고 있다.

하지만 최근 올리버(Oliver) 등을 중심으로 하는 급진적인 장애학 연구자들에 의해 SRV 이론은 신랄한 비판에 직면하였다. 가치 있는 사회적인 역할을 전문가가 장애 당사자에게 부여해 주는 것이 아니라 장애 당사자가 '사회적 권리'를 획득하게 되면 자연스럽게 장애인의 입장에서 사회적인 역할을 창출해 갈 수 있다는 것이 핵심이다(윤삼호 역, 2006).

한편 미국의 보편화 원리에 영향을 받아 영국에서도 보편화 원리가 도입되었는데 영국의 경우 미국에서 이미 사용하고 있는 '보편화'라는 용어를 그대로 사용하지 않고 독자적인 표현으로서 발표하였다. 그것이 바로 1980년 토웰(Towell)과 타이네(Tyne) 등이 간행한 '보통생활(Ordinary Life)'에서이다. '보통생활'은 부제목이 '지적장애인을 위한 지역사회 기반의 포괄적인 거주서비스'라고 나와 있듯이, 수용시설에서 퇴소하여 자신이 살던 지역사회로 되돌아간 장애인 거주서비스 상태를 논하고 있다. 이 책에서는 직접적으로 보편화 이념을 정의하거나 논의하지 않았지만 미국 보편화 이념의 구체적인 실천모델인 네브라스카주의 ENCOR[1] 모델을 적극적으로 도입하고 있고, 특히 거주서비스를 지역사회에 정착시키기 위해 어떻게 해야 할 것인가를 구체적으로 논하고 있다. 표제인 '보통생활'이란 장애인도 도심에 있는 보통주택에서 살고, 비장애인과 같은 선택의 기회를 가지며, 장애인이 아닌 지역사회의 사람들과 평등하게 생활하는 것을 의미한다. 이 책이 간행되고 난 후 '보통생활'은 장애를 가진 사람들을 위한 서비스의 목표가 되었다(성명옥 역, 2004).

그리고 '보통생활'의 핵심은 거주조건에 있는데 '보통생활'의 거주조건은 '보통주택'이다. 이 주택을 미국 등에서는 '그룹홈'이라고 한다. 거주서비스는 탈시설화로 인해 필연적으로 생기는 서비스이기는 하지만 생활의 거점으로서 매우 중요하다. 또한 탈시설화나 주거조건은 장애를 가진 사람의 생활에 있어서 '자유'와 깊게 관련되어 있다. 미국에서는 '자유 최대화 환경, 또는 자유 최소 제약환경(the least restrictive alternative or

1) ENCOR는 '동부 네브라스카 지역 지적장애국'의 약어이다. 이는 1970년 미국에서 처음으로 보편화 이념을 근거로 한 지적장애인 복지서비스 시스템의 중심조직으로 장애를 가진 사람이 시설에서 퇴소하여 지역사회에서의 생활을 가능하게 한 시스템이다(성명옥 역, 2004).

environment)'이라는 용어를 통해 호소하고 있는 것처럼, 생활환경의 조건은 생활에 있어서 자유의 문제와 깊게 관련되어 있는 것이다. 다른 나라와 같이 영국에서도 오랜 기간 지속적으로 운영되어 온 대규모 시설의 주거공간은 사생활보호에 대한 보장도 없이 개인침대만 덩그러니 놓여 있는 잠자고 먹고 사는 최소한의 생활공간에 지나지 않았다. 이에 비해 '보통주택'은 도시 속에 나란히 늘어서 있는 일반주택들과 함께 있어, 장애인이 거주하는 주택이 특별히 눈에 띄지 않고 장애인도 한 명의 시민으로서 보통생활을 하고 있는 것이다(성명옥, 2004).

이렇게 뱅크미켈센, 니르제, 울펜스버거, 토웰과 타이네 등에 의해 개발되어온 보편화 원리는 "지역사회에서(in the Community) 장애인에게 '충분한 시민권(Full Membership)'을 보장해 주는 것"으로 정리할 수 있을 것으로 본다(이준우, 2001; 이준우, 2012).

4. 보편화 원리의 원칙

이상에서 살펴본 보편화 원리가 장애인복지 이념으로 정착하게 되면서 오늘날 한국의 장애인복지정책과 실천은 철저하게 서비스이용자인 장애인의 인권을 중심으로 그들의 보편적인 삶을 향해 수립되고 수행되어야 한다. 이를 위해 장애인복지정책과 실천의 기본은 일반적인 생활에서 구체적인 인권침해나 차별 행위에 대하여 대응할 수 있는 법적 근거를 마련하는 것으로부터 출발하는 것이다.

따라서 당연히 문화적 규범으로서 인권에 대한 분명한 정립이 필요하다. 왜냐하면 인권이 생활 속에서 가시적으로 규정되어야만 사람들이 인권과 삶의 관련성을 인식할 수 있기 때문이다. 인권에 대한 명확한 문화가 없다면 모든 법과 규정은 실생활에서 그다지 효과를 미치지 못한다. 인권은 법으로 제정되는 동시에 문화적으로도 완전히 이해되어야 한다. 그래서 문화적 관점에서의 인권을 이해하는 것은 장애인복지 이념에서 매우 중요한 요소라 할 수 있다.

많은 논의 과정이 요구되었지만 결국 장애인 인권의 핵심은 사회통합에 있는 것으로 초점이 모아지고 있다. 즉, 장애인복지정책과 실천을 통해 장애인이 장애를 이유로 차별받지 않고 비장애인과 똑같이 사회생활을 할 수 있어야 하는 것이다. 이런 맥락에서 사회통합과 보편화는 같은 범주에서 함께 다루어져야 하는 것이다. 보편화가 실현되는 가시적인 현상이 바로 사회통합이기 때문이다.

결국 보편화 원리의 목표는 장애인의 권리와 평등을 보장하는 것이다. 이와 같은 보편화 이념은 몇 가지 원칙으로 설명될 수 있다(이준우, 2001).

● 원칙 1

보편화는 하루, 일주일, 그리고 1년을 사는 데 있어 생활의 정상적인 리듬을 갖고 활동하며 상호책임을 나누는 것을 의미한다. 장애인들도 다른 사람과 마찬가지로 정상적인 리듬에 따라 살 수 있는 집과 활동할 수 있는 일터가 필요하며, 배움의 기회가 제공될 수 있는 학교와 사회적 교류가 일어나는 장이 필요하다.

● 원칙 2

보편화는 인생주기(life cycle)의 정상적인 성장을 경험할 수 있는 기회를 의미한다. 장애를 가진 사람도 하나의 인간으로서 비장애인이 경험하는 성장발달 과정을 인생주기에 맞추어 경험하고 있음이 인식되어야 하며, 장애인복지 전문가들은 이들이 각 과정에 따라 보통 사람들처럼 다양한 경험을 할 수 있도록 도와주어야 한다. 예를 들면, 어린이는 집에서 사는 것이, 그리고 성장한 자녀는 집에서 독립해 나오고 독자적인 삶을 구성하는 것이 가장 정상적이라고 일반적으로 이해되고 있다면, 이들처럼 장애인에게도 그와 같은 기회가 동등하게 제공되어야 한다는 것이다.

● 원칙 3

보편화는 장애인이 갖는 표현되지 않은 바람이나 표현된 자기의사에 대한 정상적인 이해와 존중을 의미한다. 예를 들면 장애인의 남녀관계도 보통사람과 같을 것이고, 경제, 정서, 사회, 문화적인 욕구 역시 보통사람과 비슷할 것이므로 이들과 동일한 패턴이 허용되어야 한다는 것이다.

● 원칙 4

보편화는 장애인이 만약 더 이상 자신의 집에서 가족과 함께 살 수 없을 때 사회에서 제공되는 주거 역시 정상적인 가정의 크기여야 하며, 정상적인 주거지역에 위치해야 한다는 것을 뜻한다. 사회교류와 사회통합을 하는 데 방해가 되지 않도록 너무 큰 시설이어서도 안 되며 일반 주거지역과 멀리 떨어져 격리되어서도 안 된다. 따라서 보편화 원리는 가능한 한 많은 장애인들이 지역사회 생활의 주류(mainstream)에 동참할 수 있도록 하는 것을 의미하며, 최대한 긍정적인 방향으로 지역사회에서 법적 · 제도적 보장을 받으면서 더불어 사는 것으로 이해될 수 있다.

그러나 사회적 환경 일반은 이 의미를 이해하지 못하고 사회로부터 이들을 차별하여 격리시키며 사회적 참여의 기회를 박탈하는 경우가 많다.

가령 보편화의 구체적 실행을 특수학교 운영이나 장애인복지관 설립 등으로 제한하고 있는 것에서 그 차별의 예를 찾아볼 수 있겠다. 진정한 보편화는 일반학교에서 특수교육을 받고 일반 시설에서 특수서비스 프로그램을 제공받는 것까지 포함하는 것이다. 그렇다고 해서 장애인을 장애가 없는 것처럼 대하고 비장애인으로 만드는 것이 보편화는 아니다. 이것은 불가능한 일이며, 또한 있어서도 안 될 일임을 주지하여야 할 것이다(성명옥, 2004).

이들이 갖고 있는 장애를 무시한 채 비장애인 대하듯이 한다고 하여 이들의 장애가 없어지는 것은 결코 아니기 때문이다. 따라서 이들이 보편화 과정 속에서 지역사회에 적응해 나가는 속도와 정도에 맞추어 각종 장애인복지 서비스의 정도를 차등화해서 제공해야 한다. 어떤 사람에게도 하나의 '정상'의 기준은 없다. 보통 사람과 장애인이 자연스럽게 어우러져 있는 것이 정상적인 사회이며 보편화 개념의 실체인 것이다(이준우, 2001).

따라서 진정한 장애인복지정책과 실천은 이와 같은 보편화 원리에 토대를 두고, 장애인의 권리를 보장해 주는 내용으로 실행되어야 할 것이다.

02
PART

소득보장 및 고용정책

현대사회를 살아가고 있는 인간은 의식주의 문제를 개별적으로 해결하기 힘든 가운데 있는 경우가 대부분이며, 많은 사람들이 분업을 통해 생계의 문제를 해결하고 있다. 따라서 화폐의 소유여부나 정도가 생존과 직결되어 있어 안정적인 소득이 매우 중요하다고 할 수 있으며, 소득을 얻기 위한 가장 핵심적인 전제조건으로서 노동의 중요성 역시 강조되지 않을 수 없다. 장애인에게 있어서도 소득과 노동의 문제는 최우선적으로 고려되고 해결되어야 할 사항으로, 제2부에서는 장애인을 위한 소득보장정책과 고용정책의 내용에 대하여 살펴보고자 한다.

제3장

소득보장정책

장애인소득보장정책은 크게 연금, 수당, 공공부조로 나눌 수 있다. 연금은 일반적으로 재정을 각 개인의 기여(contribution)에 의존한다. 반면 수당과 공공부조는 재정을 일반조세에 의존하게 된다. 수당은 비기여, 비소득자산조사를 통해 급여가 제공되고, 공공부조는 소득 및 자산조사를 통해 일정기준 이하의 빈곤층에게 급여가 제공된다(이선우, 2009). 이러한 특징을 고려하였을 때, 이번 장에서 알아보는 장애수당 및 장애인연금은 공공부조의 성격을 띤 장애수당의 성격이 강하다. 즉 이 정책들은 빈곤층에게만 제공되지 않지만, 소득 및 자산조사를 통해 급여에 차별이 존재하기 때문이다. 이러한 장애인소득보장정책의 모호함은 아직까지 우리나라의 장애인복지정책이 서구국가에 비해 초기단계에 있음을 나타내는 것이라 판단된다. 그럼 각각의 정책에 대해 살펴보기로 한다.

1. 장애수당, 장애아동수당

1) 개요

인간이 스스로에 대한 존엄과 가치를 느끼기 위해서 필요한 기초적 요건 중 하나가 생활비용을 충당하게 해주는 현금소득이다. 하지만 장애인은 '장애'라는 특성 때문에, 비장애인에 비해 노동시장의 진입이 어렵고, 재활・의료 등에 추가적으로 발생하는 비용이 많아져, 상대적으로 현금소득의 충족이 어려운 상황이라 할 수 있다.

실제로 장애인이 비장애인에 비해 가구 및 개인소득이 낮다는 것은 유수한 국내외 선행연구를 통해 실증적으로 입증되어 왔으며, 특히 우리나라의 경우에는 장애인과 비장애인 간 소득의 격차가 OECD회원국 내에서 최하위권에 있을 만큼 장애인의 소득수준은 상대적으로 더욱 열악한 실정이다(윤상용・김태완, 2008).

이러한 상황을 고려하여, 주요 국가에서는 장애로 인한 소득 상실을 보전하기 위한 급여와 장애로 인한 추가비용 지출을 보전하기 위한 급여를 장애인 소득보장제도의 두 축으로 삼고 제도를 운용하고 있다. 대개의 경우 소득상실 보전급여는 기여식 사회보험(공적 연금 중 장애관련 연금) 또는 비기여식 사회수당(기초연금) 방식으로, 추가비용 보전 급여는 사회수당 또는 사회부조 방식으로 제공되는 것이 일반적이다. 우리나라에서는 소득상실 보전급여로서 국민연금의 장애연금이, 추가비용 보전급여로서는 장애수당이 가장 대표적인 제도라고 할 수 있다(윤상용, 2007).

우리나라에서는 「장애인복지법」에서 장애수당(법 제49조)과 장애아동수당 및 보호수당(법 제50조)을 명시하고 있다. 장애수당은 장애인의 장애정도와 경제적 수준을 고려하여 장애인의 소득 보전을 위한 수당이며, 장애아동수당은 장애아동에게 보호자의 경제적 생활수준 및 장애아동의 장애 정도를 고려하여 장애로 인한 추가적 비용을 보전(補塡)하게 하기 위한 것이고, 보호수당은 장애인을 보호하는 보호자에게 그의 경제적 수준과 장애인의 장애 정도를 고려하여 장애로 인한 추가적 비용을 보전하게 하기 위한 수당이다. 현재 우리나라에서는 법적으로 명시된 위 세 가지 수당 중, 예산의 제약으로 인해 장애수당과 장애아동수당만 제공되고 있는 형편이다. 이에 본 절에서는 장애수당과 장애아동수당을 중심으로 그 내용과 전망에 대해 살펴본다.

2) 장애수당의 대상자 및 지급액

장애수당의 대상자는 18세 이상의 등록장애인 중 3~6급(경증)의 장애등급을 가진 자로 국민기초생활보장 수급자 및 차상위계층이 된다. 장애등급이 3급이면서 중복장애를 가지고 있는 경우는 중증장애인으로 분류되므로, 장애수당의 수급권이 인정되지 않는다. 중증장애인은 장애수당의 수급권자가 아닌 장애인연금의 수급권자가 된다. 반대로 18세 이상의 경증장애인은 장애인연금의 수급권이 인정되지 않는다. 경증장애수당 수급자가 장애등급 재판정 결과, 중증장애인으로 등급이 변경된 경우에는 장애인연금 지급 신청(금융정보등제공동의서 제출)을 한 후, 자산조사를 거쳐 장애인연금 지급 여부를 결정받게 된다. 이때 중증장애인으로 등급이 결정된 때부터 경증장애수당은 지급이 중지된다.

2017년을 기준으로, 장애수당의 지급액은 국민기초생활보장제도의 생계급여 또는 의료급여 대상자인 경증장애인은 월 4만 원, 주거급여 또는 교육급여 대상자인 차상위[2] 경증장애인은 월 4만 원, 보장시설 입소(생계 및 의료급여 수급자)[3] 경증장애인은 월 2만 원이다.

---

2) 주거 또는 교육급여 수급자(생계 또는 의료급여 미수급자)는 법적으로 기초생활 수급자이나, 차상위계층에 해당하는 혜택을 부여한다.

3) 국민기초생활보장 수급자는 일반(재가)수급자 및 (보장)시설수급자로 구분된다. 일반수급자는 국민기초생활보장법에 의해 수급권자의 범위에 해당하는 자로 보건복지부장관이 정하는 선정기준에 의해 수급자로 선정된 자이며, 시설수급자는 일반수급자 이외의 보호시설에 거주하는 자로 보건복지부장관이 정하는 선정기준에 의해 수급자로 선정된 자를 말한다(보건복지부, 2011b).

3) 장애아동수당의 대상자 및 지급액

장애아동수당의 대상자는 18세 미만의 등록장애인으로 국민기초생활보장수급자 및 차상위계층으로, 신청월 현재 만 18세 미만인 자, 또는 18~20세로서 「초・중등교육법」 제2조[4]에 따른 학교에 재학(휴학) 중인 자가 해당된다.

2017년을 기준으로, 장애아동수당의 지급액은 국민기초생활보장 수급자 유형 및 소득수준, 장애 정도에 따라 월 2만 원에서 월 20만월까지 상이하며, 자세한 사항은 아래 표에 나타난 바와 같다. 보장시설 수급자의 경우는 장애수당과 같이, 퇴소 시 일반수급자 장애아동수당을 지급한다.

〈표 3-1〉 장애아동수당 지급액

구분	일반 수급자 (생계, 의료급여 수급자)	차상위계층 (주거, 교육급여 수급자)	보장시설 수급자
중증장애인	월 20만 원	월 15만 원	월 7만 원
경증장애인	월 10만 원	월 10만 원	월 2만 원

주1: 중증장애인이란 장애등급이 1급 또는 2급 및 3급 중복장애(3급 중복장애란 3급의 장애인으로서 3급에 해당하는 장애유형 외에 다른 유형의 장애가 하나 이상 있는 자를 의미한다. 가령, 주된 장애가 3급이며, 5급 또는 6급의 부장애가 등록되어 있을 경우이다. 단, 4급+4급 장애로 인하여 3급으로 등급이 상향 조정된 경우는 3급 중복장애인에 해당되지 않는다).

주2: 경증장애인은 장애등급이 3급~6급인 자를 의미한다.

출처: 보건복지부 홈페이지.

---

4) 「초・중등교육법」 제2조에 규정된 학교의 종류는 초등학교・공민학교, 중학교・고등공민학교, 고등학교・고등기술학교, 특수학교, 각종학교 등이다. 특수학교의 전공과정도 「초・중등 교육법」 제2조에 따른 학교에 포함된다.

참조하면 좋은 사이트

- 보건복지부 홈페이지
  보건복지부 → 정책 → 장애인 → 장애인자립기반 → 장애수당/장애아동수당
  http://mw.go.kr

2. 장애인연금

1) 개요

장애인연금제도란 중증장애인에게 근로능력의 상실 또는 현저한 감소로 인하여 줄어드는 소득과, 장애로 인하여 추가로 드는 비용을 보전하기 위하여, 매월 일정액의 연금을 지급하는 제도를 말한다. 이 제도의 재원은 별도의 연금 보험료가 아닌, 세금에서 확보가 된다.

장애인연금은 다음과 같은 몇 가지 측면에서 그 의의를 찾을 수 있다(유동철, 2010).

먼저, 다층적 안전망의 기본 구도가 완성된다는 것이다. 통상적으로 소득보장제도는 하나의 제도보다는 다층 안전망으로 운영되는 경우가 많다. 1차적으로는 사회보험제도, 즉 기여에 기반한 제도(국민연금 내 장애연금), 2차적으로는 국민연금 가입 이전에 장애가 발생하거나 장애연금 수급요건이 되지 않는 경우를 포괄하는 무기여 방식의 기초장애연금 혹은 장애부조, 마지막으로 일반 공공부조제도가 그것이다. 기초장애연금은 이 중 장애인을 위한 2차 소득보장안전망에 해당된다.

둘째, 장애인연금(장애수당)의 급여수준에 대한 법적 근거가 마련되었다는 것이다. 현행 장애수당의 급여수준에 대한 법적 기준은 없다. 「장애

인복지법」 제49조와 동법 시행령 제30조에 의해 그 성격과 대상자에 대한 기준만 설정되어 있을 뿐이다. 반면 장애인연금은 그 법률적 토대를 마련함으로써 급여수준이 행정기관의 재량적 조치에 의해 결정되는 한계를 극복할 수 있게 되었다.

셋째, 장애인연금은 기초노령연금과 함께 기초연금의 현실적 토대를 마련하였다는 점에서 그 의의를 찾을 수 있다. 장애인연금의 기초급여부분은 기초노령연금액과 동일하게 설정되어 있는데, 이는 장애인연금이 기초노령연금과 함께 향후 기초연금의 전면적 도입 가능성을 열어 놓았다는 것이다.

넷째, 그 동안 장애수당이 소득보전의 성격인지 추가지출비용의 보전 성격인지 명확하지 않은 점이 있었다. 법에서는 소득보전을 위해서 지급한다고 규정되어 있지만, 시행령에서는 추가지출비용을 고려해서 지급한다고 규정되어 있어 두 성격이 한 제도 안에 불분명하게 혼재되어 있었다. 그러나 장애인연금은 기초급여와 부가급여를 구분하여 기초급여는 소득보전의 성격을 띠는 것으로, 부가급여는 추가지출비용보전의 성격을 띠는 것으로 명확히 구분하고 있어 분명성을 기했다는 면에서 의의가 있다.

2) 장애인연금 수급 대상자

장애인연금의 수급 대상자는 첫째, 18세 이상[5]의 등록한 중증장애인[6]

5) 다만, 20세 이하로서 「초・중등 교육법」제2조에 따른 학교에 재학(휴학도 포함됨) 중인 자는 제외된다.

6) 등록한 중증장애인은 장애등급 1급과 2급 및 3급 중복장애인을 말한다. 여기서 3급 중복장애는 장애등급 3급의 장애인으로서 3급에 해당하는 장애유형 외에 다른 유형의 장애가 하나 이상 있는 자(다만, 중복 합산으로 3급으로 상향 조정된 자는 제외됨. 가령, 4급+4급→3급이 된 자는 중복 장애에 해당하지 않음)

중, 본인과 배우자의 소득인정액이 선정기준액 이하인 자[7]), 둘째, 직역연금[8])을 받을 자격이 있는 사람과 그 배우자(직역연금을 받은 사람과 그 배우자는 대상에서 제외)가 된다. 2017년 기준, 장애인연금 수급 선정기준액은 단독가구 장애인이 119만 원, 부부가구 장애인이 190.4만 원이다(장애인연금 홈페이지). 소득인정액은 본인과 배우자의 소득평가액과 재산의 소득환산액을 합산한 금액이 되며, 이를 보다 자세히 살펴보면 [그림 3-1]과 같다.

소득인정액 = 월 소득평가액 + 재산의 소득환산액

재산의 소득환산액 = [{(일반재산 − 기본재산액[3])+(금융재산 − 2,000만 원[4])+(자동차가액)−(부채)}×재산의 소득환산율(연 4%)÷12개월]+(고급자동차, 고가회원권의 재산가액[5])

월 소득평가액 = (기타 월소득 합계[1]+(상시근로소득-상시근로소득 공제[2])

주) 1. 기타 월소득 합계 : 사업소득, 재산소득, 공적이전소득, 사적이전소득

2. 상시근로소득 공제 : 1인당(본인과 배우자 각각 적용) 월 56만 원 기본공제 후 30% 추가 공제

* 상시근로소득 공제액 = (상시근로소득−56만 원)×30%

3. 기본재산액 공제 : 대도시 1억3천5백만 원, 중소도시 8천5백만 원, 농어촌 7천2백5십만 원

4. 금융재산 공제 : 가구별 2,000만 원(인별로 적용하는 것이 아님)

5. 고급자동차, 각종회원권은 일반재산에서 제외

* 고급자동차의 기준 : ① 배기량이 3,000cc 이상이거나 ② 차량가액이 4,000만 원 이상 승용차, 승합차 또는 이륜차로서 ③ 차령이 10년 미만인 차량

※ 공제액이 해당 소득·재산을 초과하는 경우 해당항목은 0원으로 처리, 남는 금액으로 금융재산을 공제하지 않음에 유의

[그림 3-1] 장애인연금 소득인정액 환산 방법

주: 2017년 기준.
출처: 장애인연금 (2017).

가 해당된다.

7) 국민기초생활보장제도 수급자는 장애인연금제도의 선정기준액을 당연 충족하는 것으로 본다.

8) 공무원연금법, 사립학교교직원연금법, 군인연금법, 별정우체국법, 국민연금과 직역연금의 연계에 관한 법률 제10조와 관련된 연금을 의미한다(보건복지부, 2016a).

3) 장애인연금의 급여 내용

장애인연금의 급여는 기초급여와 부가급여로 나뉜다. 기초급여는 근로능력의 상실 또는 현저한 감소로 인하여 줄어드는 소득을 보전해 주기 위한 급여이며, 부가급여는 장애로 인하여 추가로 드는 비용의 전부 또는 일부를 보전해 주기 위하여 지급하는 급여를 말한다. 먼저 기초급여는 18~64세[9]의 중증장애인이 수급 대상이며, 부가급여는 국민기초생활보장제도 수급자와 차상위계층, 차상위 초과자[10]를 대상으로 한다. 소득수준과 연령에 따른 기초급여액과 부가급여액은 〈표 3-2〉와 같다.

〈표 3-2〉 장애인연금액 (매월, 단위: 원)

구분		계	기초급여	부가급여
기초수급자	18~64세	284,010	204,010	80,000
	65세 이상	284,010		284,010
차상위계층	18~64세	274,010	204,010	70,000
	65세 이상	70,000		70,000
차상위초과자	18~64세	224,010	204,010	20,000
	65세 이상	40,000		40,000

주: 개인의 상황에 따라 연금액은 차이가 있을 수 있음.
기준: 2017년 기준.
출처: 장애인연금 홈페이지.

9) 65세 이상의 중증장애인은 동일한 성격의 급여인 기초노령연금으로 전환하여 지급하고, 기초급여는 미지급한다. 즉, 만 65세가 되는 달의 전달까지 기초급여를 지급하고, 만 65세가 되는 달부터 기초노령연금을 지급한다.

10) 소득인정액이 선정기준액 이하이면서 국민기초생활보장수급자 또는 차상위계층이 아닌 자

WWW 참조하면 좋은 사이트

- 장애인연금 홈페이지
  http://www.bokjiro.go.kr/pension

제4장

장애인의무고용정책

이번 장에서는 장애인의무고용정책으로서, 장애인의무고용제도 및 장애인고용부담금에 대하여 살펴본다. 장애인의무고용제도는 할당고용제(quota system)라고도 하며, 고용인의 일정 비율을 장애인으로 고용하도록 의무화하는 제도다. 이 제도는 우리나라뿐 아니라 외국에서도 많이 채택하고 있는데, OECD의 총 30개 회원국 중 14개국이 의무고용제를 실시하고 있으며, 이들 국가의 의무고용률은 그 나라 사정에 따라 1.8%부터 7%까지 다양하다(이선우, 2009). 장애인의무고용제도는 노동시장의 수요와 공급을 왜곡할 수도 있다는 비판이 있지만, 장애인의 노동권을 적극적으로 보장하며 실제 장애인이 노동시장에서 차별을 받고 있는 것도 엄연한 현실임을 고려할 때 정책적으로 순기능이 더 높다고 판단된다.

1. 장애인의무고용제도

1) 개요

현대사회에서 직업은 사회생활을 영위하는 데 기본적인 요건으로서, 생계유지의 수단일 뿐만 아니라 사회의 구성원으로 사회·경제적 역할수행을 할 수 있게끔 하는 자아실현의 중요한 수단이다. 이것은 장애인에게 있어서도 마찬가지로, 직업은 동기, 자기확신, 대인관계 등에 큰 변화를 이끌어 내고, 실제적인 성취 경험을 통해 자아존중감을 향상시키며, 전반적인 삶의 만족도를 높이는 역할을 한다(Bell, 1996). 그러나 우리나라 장애인의 고용상황은 매우 열악한 수준에 있다. '2008년 장애인 실태조사'에 따르면, 15세 이상 장애인의 실업률은 8.3%로, 2008년 12월 통계청 기준 우리나라 전체 인구의 실업률 3.3%에 비해 약 2.5배 정도 높은 수준이다(변용찬 외, 2009).

장애인의 열악한 고용 상황을 살펴보았을 때, 장애인의 고용을 증대시키기 위한 사회적인 지원이 필요함을 알 수 있으며, 이러한 지원책으로써 장애인의무고용제도가 도입되었다. 장애인의무고용제도는 비장애인에 비해 고용상 취약한 상황에 놓여 있는 장애인의 고용기회를 넓히기 위하여, 일정수 이상의 근로자를 고용하는 사업주에게 의무적으로 장애인을 고용하도록 하는 제도를 말한다.

본 제도는 2009년 1월 「장애인고용촉진 등에 관한 법률」이 제정된 이후 시행되어오고 있으며, 본 제도를 통해 장애인고용의무제도는 계속 확대되고 있는데, 의무고용률이 상향될 경우 장애인의무고용 일자리 수는 지속적으로 증가할 것으로 추정되어 장애인고용의 안정성을 보다 더 확보하는 효과를 얻게 될 것이다.

장애인의무고용제도의 적용 대상인 장애인은 「장애인고용촉진 및 직업재활법」상의 장애인으로, 구체적으로는 「장애인복지법」상의 등록장애인, 국가유공자 등 예우 및 지원에 관한 법률에 의한 국가유공자가 포함된다.

2) 장애인의무고용률 추이

장애인의무고용제도는 민간기업, 국가·지자체, 공공기관에 따라 장애인의무고용률을 달리 하여 적용함으로써 시행되고 있다. <표 4-1>에서와 같이 2017년을 기준으로 의무고용률의 비율은 3.2%에서 2.9%로 설정되어 있으며, 국가, 지자체, 공공기관의 경우 민간기업보다 의무고용률이 높음을 알 수 있다. 또한 의무고용률은 장애인의무고용제도가 실시된 이래로 점차 상향되고 있으며, 이러한 추이는 앞으로도 지속될 것이라 예상

된다. 한편, 의무고용률은 전체 인구 중 장애인의 비율, 전체 근로자 총수에 대한 장애인 근로자의 비율, 장애인 실업자 수 등을 고려하여 5년마다 정한다.

〈표 4-1〉 공표된 장애인의무고용률

구분	2016년	2017년	2018년	2019년
국가 및 지자체(공무원) 공기업 및 준정부기관 기타공공기관 및 지방공기업	3%	3.2%	3.2%	3.3%
민간사업주 국가 및 지자체 (공무원이 아닌 근로자)	2.7%	2.9%	2.9%	3.1%

출처: 한국장애인고용공단 홈페이지.

3) 사업체별 장애인의무고용률

민간사업주의 의무고용률을 살펴보면, 「장애인고용촉진 및 직업재활법」 제28조에 의거하여, 상시근로자 50인 이상을 고용하고 있는 사업주(건설업에서 근로자 수를 확인하기 곤란한 경우에는 공사 실적액이 고용노동부장관이 정하여 고시하는 금액 이상인 사업주)에게 그 소속 근로자의 일정비율의 장애인을 고용하도록 하고 있다. 하지만 특정한 장애인의 능력에 적합하다고 인정되는 직종에 대하여는 장애인을 고용하여야 할 비율을 대통령령으로 따로 정할 수 있으며, 이 경우 그 비율은 의무고용률로 보지 않는다. 민간부문의 장애인고용률은 2007년 1.53%에서 2015년 2.51%로 증가하였다.

다음으로 국가 및 지자체의 장애인의무고용은 공무원을 채용할 경우와 공무원이 아닌 근로자를 채용할 경우로 나누어진다. 먼저 공무원의 의무고용률의 경우, 「장애인고용촉진 및 직업재활법」 제27조에 따르면 소속 공무원 정원의 100분의 3 이상을 장애인으로 의무적으로 고용하여야 하며, 의무고용률 달성을 위하여 장애인 구분모집 6%(3% 초과 시에는 구분 모집 3% 추진)를 시행하고 있다. 정부부문의 장애인고용률은 1991년 제도 도입 이후 계속적으로 증가하고 있으며, 국가 및 지방자치단체 등의 장애인고용률은 2010년 2.40%에서 2015년 2.80%로 증가하였다. 한국장애인고용공단과 고용노동부는 정부부문 장애인고용률 향상을 위하여 제도적인 대책마련 및 행정안전부의 중증장애인 특별채용 추진 등을 지원하고 있다.

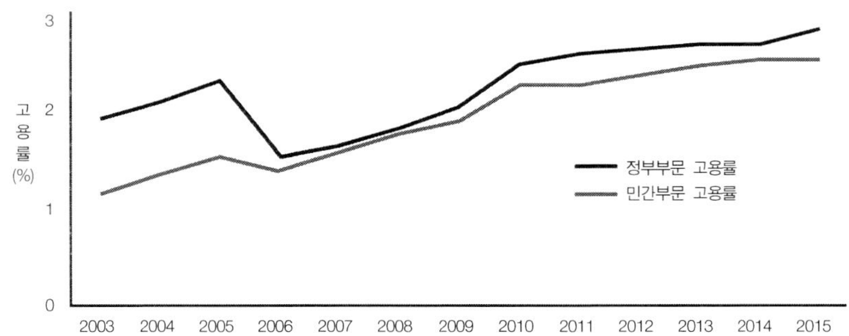

[그림 4-1] 장애인고용률 추이

출처: 국가지표체계.

〈표 4-2〉 장애인고용률 현황 (단위: %)

구분	2007	2008	2009	2010	2011	2012	2013	2014	2015
정부부문 고용률	1.60	1.76	1.97	2.40	2.52	2.57	2.63	2.65	2.80
민간부문 고용률	1.53	1.72	1.86	2.21	2.24	2.30	2.41	2.48	2.51

주: 장애인고용률=(장애인근로자수/상시근로자수)×100

출처: 국가지표체계.

자유경쟁을 원칙으로 하는 자본주의 사회에서 심신의 장애로 인해 취업의 어려움이 있는 장애인의 고용현장을 확보한다는 것은 쉽지 않은 일이다. 이에 따라 장애인의무고용제도가 시행되고 있음에도 불구하고, 민간기업은 여러 가지 합리적 · 비합리적 이유로 의무고용률을 채우는 경우가 적은 것이 사실이다. 따라서 정부는 장애인고용의 의무정도를 현 수준보다 강화하고 장애인고용을 장려하는 정책 및 효과적인 직업교육과 직종개발을 통한 종합적인 고용대책을 확대할 필요가 있다(이준우 외, 2007).

WWW 참조하면 좋은 사이트

- 한국장애인고용공단 홈페이지
  http://www.kead.or.kr

2. 장애인고용부담금

1) 개요

「장애인고용촉진 및 직업재활법」 제27조 및 제28조에서는 장애인에 대한 고용을 촉진하기 위하여 민간사업주와 국가와 지방자치단체에 일정한 비율로 장애인에 대한 고용 의무를 부과하고 있다. 장애인고용부담금제도는 사업주가 장애인고용 의무를 불이행하게 되었을 때 의무고용인원에 미달하는 인원수만큼 납부하게 되는 금액을 의미한다. 이는 사회연대책임의 이념을 반영하여 장애인을 고용하는 사업주와 고용하지 않는 사업주의 경제적 부담을 평등하게 조정함으로써, 장애인고용에 따른 비용을 보전해 주기 위한 공동 갹출금의 성격을 지니고 있다.

장애인고용부담금은 장애인고용 의무의 부과와 함께 1차적으로는 장애인에 대한 고용촉진을 유도하는 목적을 갖는 것이며, 2차적으로는 그로 인하여 조성된 재원으로 장애인고용촉진 및 직업재활 기금이 설치되어 장애인고용 관련 융자지원, 장려금 지급 등 장애인고용촉진을 위한 각종 사업에 지원되고 있는 바, 장애인고용부담금은 사업주가 장애인을 고용하지 않았다는 이유로 부과되는 강제금으로서, 향후에도 지속적으로 부담금의 지출 용도는 장애인고용과 직접적인 관련이 있는 사업에 지출되는 것이 바람직하다(김성수, 2009; 이준우 외 2007).

고용부담금의 액수는 장애인고용에 필요한 시설·장비의 설치 및 수리, 장애인고용 관리, 기타 장애인고용에 특별히 소요되는 비용의 평균액을 기초로 하여 결정된 부담기초액을 근거로 산출된다. 부담금 대상은 매월 상시근로자 중 적용 제외 인원을 뺀 적용 대상인원의 2~3%의 장애인을 의무적으로 고용해야 하지만 이를 이행하지 않는 사업주가 된다. 그러나 장애인이 근로하기에 현저히 적합하지 않은 직종에 대해서는 제외 업종과 비율을 따로 정하고 있다.

2) 장애인고용부담금 납부 대상 사업주

장애인고용부담금 대상 사업주는 「장애인고용촉진 및 직업재활법」 제33조에 의하여, 월평균 상시 100명 이상의 근로자를 고용하는 사업주가 장애인고용 의무를 이행하지 않았을 경우 고용부담금 신고·납부 대상 사업주가 된다. 즉, 장애인의무고용의 대상 사업체는 50인 이상의 근로자를 고용하는 사업체가 되지만, 고용부담금제도 대상 사업체에서 상시 50명 이상 100명 미만의 근로자를 고용하는 사업주는 제외된다.

또한 사업주의 장애인고용 의무불이행에 따른 부담금의 납부는 경제적 상황 등을 감안하여 연차별 적용 또는 면제하고 있다. 부담금 면제 및 감면의 구체적인 사항은 아래 표와 같다.

3) 장애인고용부담금 산정 및 납부

「장애인고용촉진 및 직업재활법」 제33조에 의거 장애인고용부담금은 사업주가 의무고용률에 따라 고용하여야 할 장애인 총수에서, 매월 상시 고용하고 있는 장애인 수를 뺀 수에 부담기초액을 곱한 금액의 연간 합계액으로 한다. 보다 구체적인 부담금 산정방법은 [그림 4-2]와 같다.

부담금 = 《고용인원별 해당구간의 미달고용인원×부담기초액의 연간합계액》
　　　　　－《장려금의 연간합계액》－《연계고용 부담금 감면 승인액》
월별 고용의무인원 =[월별 상시근로자수×29/1000] 〈1명 미만 끝수는 버림〉
월별 미달고용인원 =[월별 고용의무인원－월별 장애인근로자 수]

[그림 4-2] 부담금 산정방법(2017년 적용기준)
출처: 한국장애인고용공단 홈페이지.

부담기초액은 장애인을 고용하는 경우에 매월 드는 비용[11)]의 평균액

11) 여기서의 비용이란, 동법 제33조에 의거, 장애인을 고용하는 경우 필요한 시설·장비의 설치, 수리에 드는 비용, 장애인의 적정한 고용관리를 위한 조치에 필요한 비용, 그 밖에 장애인을 고용하기 위하여 특별히 드는 비용 등을 의미한다.

을 기초로 하여 고용정책심의회의 심의를 거쳐 「최저임금법」에 따라 월 단위로 환산한 최저임금액의 100분의 60 이상의 범위에서 고용노동부장관이 정하여 고시하되, 장애인고용률(매월 상시 고용하고 있는 근로자의 총수에 대한 고용하고 있는 장애인 총수의 비율)에 따라 부담기초액의 2분의 1 이내의 범위에서 가산할 수 있다. 다만, 장애인을 상시 1명 이상 고용하지 아니한 달이 있는 경우에는 그 달에 대한 사업주의 부담기초액은 「최저임금법」에 따라 월 단위로 환산한 최저임금액으로 한다.

〈표 4-3〉 장애인고용부담금 부담기초액

장애인고용률에 따라 가산한 부담기초액	의무고용인원의 3/4 이상 고용한 경우	812,000원
	의무고용인원의 1/2 이상 ~ 3/4에 미달하는 인원	860,720원
	의무고용인원의 1/4 이상 ~ 1/2에 미달하는 인원	974,400원
	의무고용인원의 1/4에 미달하는 인원	1,136,800원
	장애인을 한 명도 고용하지 않는 경우	1,352,230원

기준: 2017년.
출처: 한국장애인고용공단 홈페이지.

고용노동부장관은 「장애인복지법」 및 「산업재해보상보험법」에 따른 직업재활시설 또는 장애인표준사업장, 그 밖에 고용노동부장관이 정하는 장애인자립작업장에 생산설비와 원료·기술 등을 제공하고 생산관리 및 생산품의 판매를 전담하는 사업주 또는 직업재활시설 및 장애인자립작업장에 도급을 주어 그 생산품을 납품받는 사업주에 대하여 부담금을 감면할 수 있다.

사업주는 다음 연도 1월 31일(연도 중에 사업을 그만두거나 끝낸 경우에는 그 사업을 그만두거나 끝낸 날부터 60일)까지 고용노동부장관에게 부담금 산출에 필요한 사항으로서 대통령령으로 정하는 사항을 적어 신고하고 해당 연도의 부담금을 납부하여야 하며, 고용노동부장관은 사업주가 정한 기간에 신고를 하지 아니하거나 부담금을 납부하지 아니하였을 때에는 이를 조사하여 부담금을 징수할 수 있고, 사업주가 납부한 부담금의 금액이 실제로 납부하여야 할 금액과 다르거나 거짓된 신고에 따른 것이라고 인정될 때에는 이를 조사하여 그 차액을 추징하거나 환급하여야 한다.

WWW 참조하면 좋은 사이트

- 한국장애인고용공단 홈페이지
  http://www.kead.or.kr

제5장

직업재활시설

직업은 장애인과 비장애인 모두에게 생계유지를 위한 수단으로서 매우 중요한 의미를 가지며, 직업활동을 통해 사회에 기여하는 구성원이 될 수 있다는 측면에서 장애인의 직업재활은 장애인의 경제적 · 사회적 · 심리적 욕구를 충족시키는 중요한 정책이라고 할 수 있다(이선우, 2009).

우리나라 「장애인복지법」 제58조 및 시행규칙 제41조에 따른 장애인복지시설의 종류는 장애인 거주시설, 장애인 지역사회재활시설, 장애인 직업재활시설, 장애인 의료재활시설, 장애인생산품판매시설 등 크게 5개로 분류할 수 있다. 이 중 본장에서는 장애인의 직업재활과 관련된 시설인 장애인직업재활시설과 장애인생산품판매시설을 알아보고자 한다.

〈표 5-1〉 장애인직업재활 관련 시설의 종류 및 기능

구분	시설의 종류 및 기능
장애인직업 재활시설	• 장애인 보호작업장 : 직업능력이 낮은 장애인에게 직업재활훈련을 실시하고, 보호가 가능한 조건에서 근로기회를 제공하여 임금을 지급하며, 장애인 근로사업장이나 경쟁적인 고용시장으로 옮겨갈 수 있도록 도움 • 장애인 근로사업장 : 직업능력은 있으나 취업이 어려운 장애인에게 근로의 기회를 제공하고, 최저임금 이상의 임금을 지급하며, 경쟁적인 고용시장으로 옮겨갈 수 있도록 도움
장애인 생산품 판매시설	• 장애인 생산품의 판매활동 및 유통을 대행하고, 장애인 생산품이나 서비스 · 용역에 관한 상담, 홍보, 판로 개척 및 정보 제공 등 마케팅을 지원

출처: 장애인복지법 시행규칙 별표4. 재구성.

「장애인복지법」 제58조에 명시된 장애인직업재활시설의 정의는 일반작업환경에서는 일하기 어려운 장애인이 특별히 준비된 작업환경에서 직업훈련을 받거나 직업생활을 할 수 있도록 하는 시설로 규정되어 있으며,

장애인생산품판매시설은 장애인 생산품의 판매활동 및 유통을 대행하고, 장애인 생산품이나 서비스·용역에 관한 상담, 홍보, 판로 개척 및 정보 제공 등 마케팅을 지원하는 시설을 의미한다.

근로장애인을 위한 프로그램은 일상생활 및 가사생활훈련, 사회적응훈련, 작업훈련, 직업평가, 통근훈련, 취미 및 여가활동 등으로 구분되며, 주 20시간 이상 실시하여야 한다(보건복지부, 2016c). 장애인직업재활시설의 주요 프로그램 내용을 살펴보면 〈표 5-2〉와 같다.

〈표 5-2〉 장애인직업재활시설의 프로그램 내용

구분	세부내용
일상생활 및 가사생활훈련	가정생활 및 독립생활을 수행하는 데 필요한 기술을 습득하기 위한 훈련
사회적응훈련	지역사회의 한 일원으로 통합하여 살아가는데 필요한 대인관계 기술, 각종 시설을 이용하는 기술 등을 습득하도록 지도
작업훈련	작업기능의 향상을 위한 작업활동을 제공하고 장애인보호고용으로의 전환을 위한 작업기술을 습득하도록 지도
직업평가	적절한 평가도구를 통한 직업평가를 실시
통근훈련	지역사회의 대중교통 수단을 이용하여 통근할 수 있도록 지도
취미 및 여가활동	건전한 여가활동을 통하여 사회성과 대인관계기술을 습득하고 긍정적인 생활인의 자세를 기를 수 있도록 지도

출처: 보건복지부 (2016c). 재구성.

2015년을 기준으로 장애인직업재활시설은 총 307개소이며, 이중 보호작업장은 253개, 근로사업장은 54개소로(보건복지부, 2016b) 우리나라의 직업재활시설 중 보호작업시설이 약 82%로 대다수를 차지하고 있어, 현재 우리나라의 직업재활은 보호고용이 중심이 되어 수행되고 있음을 알 수 있다. 이는 향후 우리나라에서 근로작업시설의 확충이 지속적으로 이뤄져야 함을 나타내는 것이라고도 보인다.

1. 장애인보호작업장

1) 개요

「장애인복지법 시행규칙」 제41조에 따르면, 장애인보호작업장은 직업능력이 낮은 장애인에게 직업적응능력 및 직무기능 향상훈련 등 직업재활훈련 프로그램을 제공하고, 보호가 가능한 조건에서 근로의 기회를 제공하며, 이에 상응하는 노동의 대가로 임금을 지급하면서, 장애인 근로사업장이나 그 밖의 경쟁적인 고용시장으로 옮겨갈 수 있도록 돕는 역할을 하는 시설을 말한다.

장애인보호작업장은 장애인의 고용형태 중, 보호고용을 수행하고 있는 대표적인 시설이라 할 수 있다. 보호고용은 사회통합의 원칙에 위배되는 측면이 있는 접근방법일 수 있지만, 지원고용이 활성화되고 있는 오늘날에도 일반고용이나 지원고용이 적용되기 힘든 장애인들에 대한 현실적인 필요에 따라, 1996년 장애인복지시설 내의 자립작업장 설치・운영계획에 의하여 22개의 보호작업장이 설치된 이후 지금까지 지속적으로 늘고 있는 추세다(이준우・김성태, 2010).

장애인보호작업장 운영의 기본방침(보건복지부, 2016c)은 장애인입소시설, 장애인복지관 등과 분리하여 하나의 단독시설로서 기능하도록 하며, 「장애인복지법 시행규칙」에서 정한 장애인보호작업장으로서의 기능과 역할을 정립하도록 지원하는 것 등으로 마련되어 있다.

2) 장애인보호작업장 대상자 및 사업 선정

장애인보호작업장의 대상자 관련 규정은 「장애인복지법 시행규칙」 제42조 별표5에 제시되어 있으며, 이를 살펴보면 다음과 같다. 우선 보호작업장의 우선 근로 대상 장애인은 첫째, 일반사업장에의 취업이 곤란한 재가장애인으로 근로가 가능한 자로서 보호작업장의 근로장애인 중 재가장애인은 50% 이상 되도록 하여야 하며, 둘째, 장애인 거주시설과 인접하여 설치된 경우 입소장애인 중 근로가 가능한 자가 해당된다. 이때 보호작업장에서 근로를 하는 장애인의 최소인원은 10명이 되어야 한다. 또한 장애인보호작업장에서 작업하는 총인원 중 장애인은 70% 이상이어야 하며(작업공정상 장애인이 아닌 자를 고용하여야 할 필요가 있는 경우, 그 인원은 전체 작업인원수의 30%를 초과할 수 없음), 작업공정 등을 고려하여 중・경증 장애인을 적재적소에 배치하되, 근로장애인 중 80% 이상을 「장애인복지법」에 의한 장애등급 3급 이상(1, 2, 3급)인 장애인으로 고용하여야 한다. 이때, 특수학교 학생 등 시설의 목적사업에 집중하여 종사할 수 없는 장애인은 산정하지 아니한다(보건복지부, 2016c).

보호작업장의 사업 선정은 지역특성 등 주변여건과의 적합성, 생산품 판로개척의 용이성, 직업재활의 효과성 및 일반고용과의 연계가능성 등을 고려하여 선정하여야 하며, 장애인의 유형이 다양화됨에 따라 장애특성에 맞는 다양한 업종을 개발하도록 노력하여야 한다. 또한 장애인에게 부여되는 작업은 보호적인 환경에서 작업에 대한 직무분석을 통하여 장애인 개인별 특성에 적합한 직무에 배치하여야 한다(보건복지부, 2016c).

3) 장애인보호작업장의 사업 내용

보호작업장에서는 작업 자체를 수행하는 것뿐 아니라, 근로장애인들의 욕구와 능력을 이해하고 이들에게 필요한 서비스와 프로그램을 효과적으로 전달하기 위해, 개별고용계획(Individualized Plan for Employment)을 수립하여 실시하여야 한다. 개별고용계획에는 초기 면접, 직업사정 및 평가결과를 반영한 개인별 고용계획서, 장애특성에 맞는 적절한 배려나 보조공학기기 활용 · 지원, 장애인의 건강이나 안전을 위협할 수 있는 요인, 직무기능향상이나 재활서비스를 위한 관리계획 등이 장애인이 충분히 이해할 수 있는 내용과 방법으로 제공 및 확인되어야 한다. 이러한 근로장애인의 고용상황이나 서비스과정에 대한 기록은 유지되고 자체적으로 관리되어야 하며, 근로장애인의 개인별 자활계획을 수립하여 직업전훈련, 직업적응훈련, 고용상담 및 직업평가를 실시하여야 한다(보건복지부, 2016c).

또한 장애인의 유형, 장애 정도, 연령별 특성과 당해 시설에서 수행중인 업종의 특성을 반영하여 재활사업계획을 수립하여야 하는데, 근로장애인을 위한 프로그램은 직업적응훈련, 문제해결훈련, 직업평가, 직무기능 향상훈련, 지역사회자원 활용훈련 등으로 구분되며, 주 20시간 이상 실시하여야 한다(보건복지부, 2016c). 보호작업장 재활프로그램의 세부적 내용을 살펴보면 〈표 5-3〉과 같다.

〈표 5-3〉 보호작업장 재활프로그램 내용

프로그램 구분	세부내용
직업적응훈련	일상생활훈련, 사회적응훈련, 작업 태도 및 기술훈련
문제해결훈련	의사소통 기술훈련, 문제해결훈련, 대인관계능력 향상훈련, 위급 혹은 응급상황 대비훈련, 자기옹호 및 주장훈련
직업평가	작업표본평가 및 현장평가
직무기능 향상훈련	직무분석에 따른 직무변경, 개조, 보조공학 개입에 따른 훈련
지역사회자원 활용훈련	지역사회 적응훈련

출처: 보건복지부 (2016c). 재구성.

보호작업장 임금은 모든 근로장애인에게 지급되어야 하며, 장애인임금은 반드시 개인별 통장에 입금하여 지급하여야 하고, 당해 장애인의 동의 없이 타인이 임의로 인출할 수 없다. 한편, 장애인근로자의 급여지급은 직무수행능력에 따라 차등 지급할 수 있으며, 근로장애인 1인당 월평균 임금은 최저 임금의 30% 이상을 유지할 수 있도록 노력을 하여야 한다.[12] 또한 사용자는 근로장애인의 2/3 이상에게 최저임금의 40% 이상을 지급하기 위해 최선의 노력을 하여야 한다(보건복지부, 2016c).

장애인직업재활시설 운영으로 발생한 수익금은 근로장애인에게 보다 많은 임금을 지급하거나 복리후생을 개선하는 데 우선하여 사용하여야 하며, 그 외 수익금은 시설운영 개선에 재투자할 수 있으며, 장애인직업재활시설의 운영과 관련 없이 법인의 운영을 위한 비용으로 사용되어서는 아니된다(보건복지부, 2016c).

12) 사용자가 근로장애인(근로계약을 체결한 장애인)에게 최저임금 미만의 임금을 지급할 경우, 최저임금법 제7조에 의거하여, 최저임금적용제외 신청을 하여야 한다.

참조하면 좋은 사이트

- 한국장애인직업재활시설협회
  http://www.kavrd.or.kr
- 동작구 장애인보호작업장
  http://www.workshop.or.kr/main/main.php
- 행복한일터 장애인보호작업장
  http://www.369369.or.kr

2. 장애인근로사업장

1) 개요

「장애인복지법 시행규칙」 제41조에 따르면, 장애인근로사업장은 직업능력은 있으나 이동 및 접근성이나 사회적 제약 등으로 취업이 어려운 장애인에게 근로의 기회를 제공하고, 최저임금 이상의 임금을 지급하며, 경쟁적인 고용시장으로 옮겨갈 수 있도록 돕는 역할을 하는 시설을 말한다.

장애인근로사업장 운영의 기본방침(보건복지부, 2016c)을 살펴보면 다음과 같다. 첫째, 장애인근로사업장은 구직단계에서 일반사업장에의 취업이 어려운 장애인에게 일정한 기간 직업훈련과 고용기회를 제공하여 장애인의 직업능력을 향상시켜 안정적인 직업생활을 영위할 수 있도록 조력하는 역할을 담당하여야 한다. 둘째, 체계적인 직업재활서비스를 도모하며, 시설전문성을 강화하고자 하는 기본취지에 따라 장애인근로사업장의 역할인 근로의 기회 제공, 최저임금의 지급을 강화하여 이를 충실히 고용하도록 유도한다.

2) 장애인근로사업장 대상자 및 시설기준

장애인근로사업장의 대상자는 「장애인복지법 시행규칙」 제42조 별표5에 규정되어 있으며, 이를 알아보면 다음과 같다. 우선 근로장애인의 최소인원은 30명으로 하며, 사업장의 근로자 총인원 중 장애인이 70% 이상(작업공정상 장애인이 아닌 자를 고용하여야 할 필요가 있는 경우, 그 인원은 전체 작업인원수의 30%를 초과할 수 없음)이어야 하며, 이중 재가장애인은 50% 이상이어야 한다. 장애인거주시설 내 입소장애인의 경우 공동생활가정 등을 통해 사회에 복귀하도록 하여 장애인근로사업장이 사회통합적 차원으로 장애인고용이 이루어질 수 있도록 하여야 하며, 특수학교 학생 등 시설의 목적사업에 집중하여 종사할 수 없는 장애인은 산정하지 아니한다. 근로장애인 적격성 여부 평가는 의료, 직업, 심리, 교육평가 등의 결과와 초기면접의 정보들을 토대로 전문가들이 참여한 위원회에서 적격여부를 평가한 결과 환경 접근성이나 적응문제로 경쟁고용이 어려운 장애인을 대상으로 한다.

장애인근로사업장의 설비기준은 「장애인복지법 시행규칙」 제42조에 규정되어 있는데, 최소설비기준은 부대시설을 포함하여 430제곱미터 이상이어야 하며, 작업실의 면적은 기계설비를 제외하고 1인당 2제곱미터 이상이어야 한다. 프로그램을 운영하려는 경우는 장애인보호작업장의 작업실 규모를 충족하여야 하며, 부대시설은 직종 및 작업 내용에 따라 적합한 곳에 설치하여야 한다(보건복지부, 2016c).

3) 장애인근로사업장의 사업 내용

장애인근로사업장의 사업은 근로장애인에 대하여 최저임금을 지급하기 위하여 수익성이 높은 분야를 개발·추진하여야 하며, 직종은 지역특성 등 주변여건과의 적합성, 생산품 판로개척의 용이성, 직업재활의 효과성 및 일반고용과의 연계가능성 등을 고려하여 선정하여야 한다(보건복지부, 2016c).

장애인근로사업장에서도 역시, 보호작업장에서와 마찬가지로 개별고용계획과 재활프로그램이 수립·시행되어야 한다. 개별고용계획의 경우 보호작업장과 크게 다르지 않지만, 재활프로그램은 일반고용으로의 전이를 위한 내용 등 차이가 있으며, 이를 보다 자세히 살펴보면 아래 〈표 5-4〉와 같다.

〈표 5-4〉 장애인근로사업장 재활프로그램 내용

프로그램 구분	세부내용
사회적응훈련	대인적응기술, 사회성훈련 등
직무기능 향상훈련	직무분석에 따른 직무변경, 개조, 보조공학 개입에 따른 훈련
작업태도 및 기술훈련	작업태도 및 기술훈련과 관련된 내용
직무개발 및 경쟁적인 고용시장으로의 전이를 위한 조치	지역사회 노동시장 분석 및 정보제공, 직무분석 및 개입, 전이계획과 실행, 사후 지도

출처: 보건복지부 (2016c). 2016년 장애인복지사업안내. 재구성.

장애인근로사업장 종사자는 배치기준에 따라, 개별 시설의 특성을 고려하여 장애인직업재활의 효과를 극대화할 수 있도록 운용되어야 한다. 단, 장애인의 적정 보호를 위해 생산 및 판매관리기사와 직업훈련교사는 장애인이 최적의 상태에서 직업재활서비스를 받을 수 있도록 배치되어야 하며, 특히 직업훈련교사는 반드시 배치되어야 하고, 지자체는 장애인근로사업장의 특수성을 감안하여 운전기사, 상품 디자이너 등의 소요인력을 배치하도록 노력하여야 한다(보건복지부, 2016c).

장애인근로사업장의 사용자는 근로장애인의 2/3 이상에게 최저임금이상이 지급되고, 근로장애인 1인당 월평균임금은 최저임금의 80% 이상으로 유지할 수 있도록 노력하여야 하며, 근로장애인에 대한 4대보험(건강보험, 국민연금, 고용보험, 산재보험)의 가입과 퇴직금 및 제반수당지급에 최선을 다하여야 한다(보건복지부, 2016c).

사업장의 수익금 처리는 장애인보호작업장에서의 규정과 동일하다. 한편, 당해 연도 근로장애인의 개인별 평균임금을 확인한 결과, 시설 설치·운영 1년이 경과한 이후에도 근로장애인의 급여기준을 충족시키지 못하는 장애인근로사업장은 다음년도부터 장애인보호작업장으로 전환하여 지원할 수 있다. 또한 장애인근로사업장을 적법하게 운영하기 위하여 근로장애인 수 등 운영현황을 확인하여 6개월간 지속적으로 최소인원(30인 이상)을 충족하지 못하는 경우, 「장애인복지법」 제59조 및 제62조의 규정에 의하여 보호작업장으로 변경할 수 있다(보건복지부, 2016c).

www 참조하면 좋은 사이트

- 한국장애인직업재활시설협회
  http://www.kavrd.or.kr
- 무지개복지센터
  http://www.rainbow.djsiseol.or.kr
- 춘천시장애인근로사업장
  http://www.banbmall.com

3. 장애인생산품판매시설

1) 개요

「장애인복지법 시행규칙」 제41조에 따르면, 장애인생산품판매시설이란 장애인생산품의 판매활동 및 유통을 대행하고, 장애인생산품이나 서비스·용역에 관한 상담, 홍보, 판로 개척 및 정보제공 등 마케팅을 지원하는 시설을 말한다.

장애인생산품판매시설 운영의 기본방침(보건복지부, 2016c)을 살펴보면, 첫째, 장애인생산품판매시설은 국가·지자체·공공단체로의 납품을 활성화하되, 보건복지부장관이 우선구매제도와 관련하여 별도로 고시하는 장애인복지단체와 협의하여 우선구매제도 관련품목의 물량조정, 배분 등 필요한 업무를 수행하고, 둘째, 장애인생산품 우선구매제도의 조기정착과 실적 제고를 위하여 장애인생산품판매시설이 적극적으로 활동할 수 있도록 지원하며, 셋째, 장애인생산품판매시설은 관할 구역 내의 '장애인생산품우선구매제도실시기준'상의 장애인생산품생산시설에서 생산되는 모든 제품에 대해서 홍보와 판매 촉진을 위하여 노력하여야 한다고 규정되어 있다.

「중증장애인생산품 우선구매 특별법」(제7조)에 의해, 공공기관은 중증장애인생산품을 수의계약으로 구매할 수 있으며, 장애인생산품판매시설은 「중증장애인생산품 우선구매 특별법」 제7조 제3항 및 같은 법 시행령 제10조 제5항에 따라 동 계약을 대행한다(보건복지부, 2016c).

2) 장애인생산품판매시설 수행사업

장애인생산품판매시설의 수행사업(보건복지부, 2016c)은 첫째, 재가장애인 및 생산시설에 대한 상담 및 관리와 관련된 상담사업, 둘째, 생산품의 전시·판매 등 판촉사업, 셋째, 생산품 조달촉진을 위한 홍보물을 제작하고 배포하는 홍보사업, 넷째, 개인 및 단체별 판로개척을 위한 협의 및 계약과 관련한 개발사업, 다섯째, 생산품 조정 및 배분, 납품과 관련된 대행조달사업, 여섯째, 장애인생산품우선구매제도 관련사업 등이 있다.

여기서 우선적으로 규정되어야 할 개념은 '장애인생산품'과 '장애인생산품우선구매제도'다. 먼저 장애인생산품이란 「장애인복지법」 제45조, 동법 시행령 제28조, 동법 시행규칙 제34조에 의거하여, 장애인복지시설이나 장애인복지단체가 물품의 최종생산과정에 직접 참여하여 생산하고, 물품의 생산과정에 장애인 5명 이상이 참여하며, 물품의 생산과정에 참여하는 근로자 수의 100분의 70 이상이 장애인인 경우를 말한다. 이때 생산하는 물품의 종류는 「장애인복지법」 시행령 별표3에 규정되어 있는데, 이를 살펴보면 사무용품, 화장용 종이, 칫솔, 장갑, 넥타이, 손수건,

Good Product
장애인생산품

[그림 5-1] 장애인생산품 상징표시

출처: 장애인복지법 시행규칙 별표3.

포대, 피복류, 가구류, 전자 · 정보 장비, 침구류, 인쇄물, 현수막, 종이컵, 상자, 신발류, 식료품, 화훼 및 농산물 등이 있다. 상기한 기준에 따라 인증을 받은 장애인생산품은 [그림 5-1]과 같은 장애인생산품 상징표시를 붙이거나 사용할 수 있다.

3) 장애인생산품판매시설 판매물품

장애인생산품판매시설에서 판매되는 물품은 앞서 살펴본 법률적 규정에 의한 '장애인생산품'뿐만 아니라, 판매시설의 제품판매를 촉진시키기 위해 「장애인복지법」 제42조 1항 내지 3항에서 정한 자동판매기, 담배소매, 우표판매 등을 병행할 수 있으며, 장애인복지시설 및 단체에서 생산하거나 재가장애인이 생산하는 물품과 함께, 한국장애인직업재활시설협의회 승인을 받아 비장애인생산품의 경우도 판매할 수 있다(보건복지부, 2012).

다음으로 장애인생산품우선구매제도는 장애인들에게 생산의욕을 고취시키고, 고용의 기회를 확대하며, 경제적인 자립을 촉진시켜 장애인들의 소득보장을 통한 자활능력을 돕기 위해 마련된 것(이준우 외, 2007: 399)으로, 「장애인복지법」 44조(생산품 구매)와 동법 시행령 제28조에 의해 국가와 지방자치단체, 그 밖의 공공단체는 그 소요물품 중 보건복지부장관이 정한 품목과 물량의 범위 안에서, 매년 그 품목과 물량을 정하여 장애인복지시설과 장애인복지단체에 생산을 의뢰하여야 하며, 생산한 물품의 구매를 요청받으면 우선적으로 구매하여야 하는 것을 말한다.

4) 장애인생산품판매시설 운영기준

장애인생산품판매시설은 장애인복지시설 및 단체에서 생산하는 물품과 재가장애인이 생산하는 물품을 선정하여 판매하여야 하며, 판매제품은 시장성과 소비자의 이용 편익을 고려하여 선정하되, 장애인의 생산수준과 지역성을 고려하여야 한다. 또한 판매제품 선정 시에는 지역시장의 여건 및 판로 구축 방안을 고려하여 선정하여야 하고, 작업공정 및 생산품의 성격상 직업재활시설 외의 시설에 하청을 주어 생산하는 경우에는 그 생산과정에 70% 이상의 장애인근로자가 참여하여야 한다. 비장애인생산품은 구매자의 편의와 장애인생산품 판매를 위해 부득이한 경우에 한하여 한국장애인직업재활시설협회의 승인을 얻어 판매할 수 있다. 단, 비장애인생산품에 대한 판매실적 등은 장애인생산품과 구분하여 관리하여야 한다.

장애인생산품판매시설의 판매수입금은 수행사업비, 장애인 생산품의 구입비, 관리운영비, 자원봉사관리비 등 장애인의 생산품 판매를 촉진하기 위한 사업 외에는 사용할 수 없는데, 다만, 판매활성화를 위한 추가 직원의 인건비로 사용하려는 경우에는, 시설을 운영하는 법인 이사회의 의결을 거쳐 시 · 도지사의 승인을 받아 해당 용도로 사용할 수 있다(보건복지부, 2016c).

WWW 참조하면 좋은 사이트

- 서울특별시립 장애인생산품판매시설
  http://www.ablemarket.or.kr
- 경기도 장애인생산품판매시설
  http://www.gom.or.kr
- 대구 장애인생산품판매시설
  http://www.gomdury.or.kr
- 제주특별자치도 장애인생산품판매시설
  http://www.jjgom.or.kr
- 광주광역시 장애인생산품판매시설
  http://www.kjgom.or.kr

03
PART

의료 및 재활정책

사회복지정책의 대상집단 중, 의료(medical care) 및 재활(rehabilitation)정책의 필요정도가 가장 높은 집단은 장애인과 노인이라고 할 수 있다. 이는 노인과 장애인의 신체적 기능이 다른 집단에 비해 약화되어 있는 경우가 많기 때문이다. 특히 장애인은 노인과 달리 모든 생애주기에 걸쳐 의료 및 재활정책이 필요한 경우가 되기 때문에 보다 다각적이고 세밀한 정책적 접근이 요구된다.

장애인을 위한 의료 및 재활정책은 장애인복지의 향상을 위한 기본적인 조건에 해당된다. 왜냐하면 인간은 신체의 건강과 기능회복이 생존과 직결된 사항이기 때문이다. 제3부에서는 이렇듯 장애인복지의 매우 중요한 요소 중 하나인 장애인을 위한 우리나라의 의료 및 재활정책 현황에 대해 알아본다.

제6장

의료정책

장애인은 비장애인보다 더 많은 건강문제에 직면하게 되고, 취약한 건강상태로 인해 만성질환이 조기 발병할 수 있으며, 이차적인 기능장애가 발생하는 경향이 있다. 또한 장애인 가구는 비장애인 가구에 비해 의료비 지출이 더 크다. 장애인의 취약한 건강상태 및 과중한 의료부담을 해소하기 위해서는 공공의 지원이 필요함을 알 수 있으며, 이에 따라 우리나라에서는 장애인의료비 지원, 보장구 건강보험(의료급여)급여, 지역사회중심재활(CBR)사업 등을 시행하고 있다. 본 장에서는 이상의 정책에 대해 살펴보고자 한다.

1. 장애인의료비 지원 및 보장구 구입비 지원

1) 개요

장애인의 의료비 지출은 비장애인에 비해 상대적으로 많은 편이다. 김성희 외(2011)에 의하면, 비장애인 가구는 월평균 소득(324만 원)의 3.4%(11만 원)가 의료비로 쓰이는 데 반해, 장애인 가구는 평균 소득(115만 원)의 20.7%(24만 원)를 의료비용으로 사용하고 있어 비장애인 가구의 7배에 가까운 부담을 하는 열악한 경제적 상황에 처해 있음을 알 수 있으며, 최근 1년간 장애나 건강을 위해 수술이나 치료 목적으로 병의원에 가고 싶었지만 가지 못한 경험을 조사한 결과, 장애인의 22.1%가 병의원에 가지 못한 것으로 나타났다. 이렇게 장애나 건강을 위해 수술이나 치료 목적으로 병의원에 가야 하는데 가지 못한 경험이 있는 경우 주된 원인이 경제적 부담(57.3%)인 것으로 조사되었다. 이러한 상황에서 생활이 어려운 저소득 장애인에게 의료비를 지원하여 생활안정 및 의료보장을 도모하기 위한 목적으로 장애인의료비 지원제도가 시행되고 있다.

장애인의료비 지원제도의 근거법령은 먼저 「장애인복지법」을 들 수 있다. 「장애인복지법」 제36조 제1항에서는 의료비 지급에 대해 "장애인 복지실시기관은 의료비를 부담하기 어렵다고 인정되는 장애인에게 장애 정도와 경제적 능력 등을 고려하여 장애 정도에 따라 의료에 소요되는 비용을 지급할 수 있다."라고 규정되어 있으며, 동법 시행규칙 제20조에서는 의료비 지급 대상 및 기준에 대해 「국민기초생활보장법」에 따른 수급자인 장애인, 저소득으로 인해 의료비를 지급할 필요가 있다고 인정되는 장애인으로 명시하고 있다. 「국민기초생활보장법」에 의한 수급자는 「의료급여법」에 의해 의료급여의 수급권자가 되므로(의료급여법 제3조 제1항) 의료급여법 및 의료급여수가의 기준 및 일반기준(보건복지부 고시) 등도 장애인의료비 지원의 근거법령이 된다.

한편 장애인의 건강 유지 및 증진을 위해서 보장구(補裝具)의 역할이 매우 중요하다. 보장구란 장애인의 활동을 도와주는 기구로서, 「의료급여법」 제13조에 "시장 · 군수 · 구청장은 「장애인복지법」에 따라 등록한 장애인인 수급권자에게 보장구에 대하여 급여를 실시할 수 있다"는 규정에 따라, 「국민기초생활보장법」상 생계, 의료, 주거, 교육급여 수급자 및 차상위 계층에게 보장기구의 교부를 지원해 주고 있다.

2) 지원 대상 및 의료비 지원의 내용

장애인의료비 지원제도의 대상은 의료급여법에 의한 의료급여 2종 수급권자[13)]인 등록장애인으로, 이에 해당하는 장애인을 구체적으로 살펴보면, 국민기초생활보장법에 의한 수급자 중 근로능력세대의 등록장애인이

해당된다. 여기서 장애인의료비는 장애인에게만 지원되므로 당해 장애인과 세대를 같이하는 비장애인인 가족원은 지원 대상이 아니다. 또한 2009년 4월 1일부터 건강보험의 차상위 본인부담 경감 대상자로 전환된 차상위 의료급여 2종 수급권자였던 만성질환자, 18세 미만 아동은 계속해서 장애인의료비 지원 대상이 된다.

장애인의료비 지원제도의 내용은 크게 의료비 지원과 보장구 구입비 지원이 있다. 먼저 의료비 지원은 외래, 입원, 약국 등 진료의 종류에 따라 구분된다. 장애인의료비 지원은 1차 의료급여기관(의원급)에서 외래진료 시 본인부담금 750원을 지원받을 수 있으며, 2차 또는 3차 의료급여기관(병원급 이상)을 이용 시 외래진료와 입원의 경우 15%를 지원받을 수 있다. 다만 입원의 경우 발생하는 식대의 본인부담금 20%는 장애인의료비에서 지원하지 않는다. 이에 대한 내용을 정리하면 〈표 6-1〉과 같다.

〈표 6-1〉 장애인의료비 지원제도의 지원 내용

<table>
<tr><th>구분</th><th colspan="2">의료급여기관</th><th>구분</th><th>본인부담금 지원</th><th>장애인의료비
지원 내용</th></tr>
<tr><td rowspan="5">외래</td><td colspan="2" rowspan="2">제1차
의료급여기관
(의원, 보건의료원)</td><td>원내 직접 조제</td><td>1,500원</td><td>750원</td></tr>
<tr><td>그 이외의 경우</td><td>1,000원</td><td>750원</td></tr>
<tr><td rowspan="3">제2차
의료
급여
기관</td><td rowspan="3">만성질환자</td><td>원내 직접 조제</td><td>1,500원</td><td>전액</td></tr>
<tr><td>그 이외의 경우</td><td>1,000원</td><td>전액</td></tr>
<tr><td>특수장비촬영
(CT, MRI, PET)</td><td>특수장비총액의 15%
(등록 암환자 5%)</td><td>전액</td></tr>
</table>

13) 우리나라 의료급여법에서는 의료급여 수급권자를 1종 수급권자와 2종 수급권자로 구분한다. 수급권자 구분의 기준은 의료급여법 제3조 및 동법 시행령 제3조에 규정되어 있다.

<table>
<tr><td></td><td></td><td>만성질환자 외</td><td colspan="2">의료급여비용총액의 15%</td><td>전액</td></tr>
<tr><td></td><td colspan="2">제3차 의료급여기관</td><td colspan="2">의료급여비용총액의 15%
(등록 암환자 5%)</td><td>전액</td></tr>
<tr><td rowspan="2">입원</td><td colspan="2" rowspan="2">제1 · 2 · 3차 의료급여기관</td><td colspan="2">의료급여비용총액의 15%(중증환자 5%)</td><td>전액</td></tr>
<tr><td colspan="2">본인부담 식대</td><td>없음</td></tr>
<tr><td rowspan="2">약국</td><td colspan="2" rowspan="2">약국에서 의약품을 조제하는 경우</td><td>처방조제</td><td>500원</td><td rowspan="2">없음</td></tr>
<tr><td>직접조제</td><td>900원</td></tr>
</table>

출처: 보건복지부 (2016d).

3) 장애인보장구 구입비 지원

장애인보조기구 교부사업은 저소득 장애인에게 일상생활에 필요한 장애인보조기구를 지원하여 장애인의 자립생활 및 복지 증진을 도모하기 위하여 시행되고 있다. 본 사업의 대상은 장애종별로는 「장애인복지법」 제32조의 규정에 따라 등록한 지체 · 뇌병변 · 시각 · 청각 · 심장 장애인이며, 소득수준으로는 「국민기초생활보장법」상 생계, 의료, 주거, 교육급여 수급자 및 차상위계층이 되는데, 이 중 교부의 우선순위 대상자는 장애등급이 상위인 자, 「국민기초생활보장법」상 수급자, 1가구에 2인 이상의 장애인이 거주하는 자, 재가장애인, 당해 사업으로 교부받은지 더 오래된 자 등이 된다. 한편, 교부 제한자 및 제한기준으로는 첫째, 사업 시행 전년도에 동 사업지침에 따라 동일한 품목의 장애인보조기구를 교부받은 자 또는 이전에 받은 동일한 교부 품목이 내구연한에 이르지 아니한 자, 둘째, 전년도 또는 금년도에 사회복지단체 등으로부터 금년도 교부품목의 장애인보조기구를 지방자치단체를 통하여 지원받은 자, 셋째, 타 교부사업에 의하여 지급받고 교부 물품이 내구연한(재교부 연한)에 이르지 아니한 자(단, 타 교부사업이란 보험급여, 기초의료수급, 요양보험, 산재보험, 고용보험, 국가유공자 대상 보장구 교부사업, 정보통신보조기기 보급사업 등 동일 품목에 대한 교부사업을 말한다), 넷째, 당해 연도 보조기구 신청 시 1인 1제품 지원이 원칙(단, 지원받은 품목에 상관없이 지원기준 5만 원 이하의 교부품목 중에 1개 제품을 당해 연도에 추가로 중복 지원 가능) 등이 있다(보건복지부, 2016d).

장애인보조기구 예산지원 기준은 〈표 6-2〉와 같다.

〈표 6-2〉 장애인보조기구 예산지원 기준

지원품목	품목코드	지원기준	내구연한
욕창 예방용 방석 및 커버	04 33 03	35만 원	3년
와상용 욕창예방 보조기구	04 33 06		
음성유도장치(음향신호기리모컨)	12 39 09	2만 원	2년
음성시계	22 27 12	2만 원	2년
시각신호표시기	22 27 03	15만 원	2년
진동시계	22 27 12	3만 원	2년
보행차	12 06 06	20만 원	5년
좌석형 보행차	12 06 09		5년
탁자형 보행차	12 06 12		5년
음식 및 음료 섭취용 보조기구	15 09 03	5만 원	1년
식사도구(칼-포크), 젓가락 및 빨대	15 09 13		
머그컵, 유리컵, 컵 및 받침접시	15 09 16		
접시 및 그릇	15 09 18		
음식 보호대	15 09 21		

기립훈련기	04 48 08	150만 원	3년
헤드폰(청취증폭기)	22 06 24	12만 원	2년
영상확대 비디오(독서확대기)	22 03 18	80만 원	2년
문자판독기(광학문자판독기)	22 30 21	80만 원	2년
목욕의자	09 33 03	60만 원	5년
녹음 및 재생장치	22 18 03	50만 원	3년
휴대용 경사로	18 30 15	30만 원	8년
이동변기	09 12 03	60만 원	5년

출처: 보건복지부 (2016d).

WWW 참조하면 좋은 사이트

- 보건복지부 장애인 의료/건강관리 안내
  http://www.mw.go.kr

2. 지역사회중심재활(CBR)사업

1) 개요

법정 장애인의 수는 지속적으로 증가하고 있으며, 장애인의 재활에 대한 욕구 역시 확대되어 가고 있어, 장애인의 재활은 이제 재활전문가만의 역할이 아닌, 장애인 당사자와 가족 및 지역사회가 통합적으로 참여하는 체계를 구축함으로써 달성될 수 있는 것이 되었다. 이러한 인식 하에 WHO에서 장애인들의 재활사업을 촉진시키기 위해 연구·보급해 온 사업이 지역사회중심재활(Community-Based Rehabilitation: CBR)이다. 지역사회중심재활은 장애인의 욕구와 문제를 정확히 파악하여 기존 지역사회의 인적 · 물적 자원을 활용하여 지역사회 수준에서 이루어지는 재활을 의미하며, 흔히 시설중심재활(Institution Based Rehabilitation: IBR)과 대조되어 설명된다. IBR이란 재활서비스가 장애인거주시설에 수용되어 있는 시설장애인을 대상으로 제공되는 것을 말한다. 시설보호는 시설을 아무리 증설하여도 전체 장애인을 모두 수용할 수 없고, 비용이 많이 들며, 장애인의 사회적 격리를 초래하여 사회통합에 역행하는 것이기에 탈시설화와 함께 CBR 접근법이 논의되기 시작한 것이다(박옥희, 2004).

우리나라에서는 1992년부터 장애인복지관을 중심으로 지역사회중심재활이 수행되었다. 보건복지부(2011c)에서 설정한 CBR의 기본 방향은 첫째, 사회통합을 위한 장애인 기능증진으로 지역사회 중심의 장애예방 및 조기발견, 재활치료, 장애인의 건강증진, 가족지지, 지속적 관리체계를 개발함으로써 장애를 최소화하고 일상생활에의 자립능력을 증진하는 것, 둘째, 지역사회 역량강화로 지역주민들의 재활의식 개선 및 관련기관 간 연계관계를 구축함으로써 지역사회 내 재활서비스 제공 역량을 강화하는 것, 셋째, 통합적 네트워크 구축으로 지역사회의 자발적인 참여와 유기적인 연계를 위한 지역사회재활 협의체를 운영하여 다양한 자원을 통한 포괄적인 재활서비스를 제공하는 것, 넷째, 지역유형별 모형개발로서 지역사회 여건에 맞는 재활사업의 전략 및 프로그램을 개발 · 시행 · 평가하여 지역유형별 사업모형을 보급 및 확산하는 것 등이다. 최근에는 국립재활원에서 지역사회중심재활사업을 추진하고 있으며, 사업의 목적을 "보건소를 중심으로 지역사회의 인적 · 물적 자원을 최대한 개발 · 활용하여 재활서비스를 체계적으로 구축 · 제공함으로써 장애인의 재활 촉진 및 사회참여 증진을 도모하는 지역사회중심재활(Community-Based Rehabilitation: CBR)사업의 수행에 필요한 사항을 정함"으로 설정하고 있다(국립재활원, 2017).

2) CBR의 주요 내용

CBR 사업의 주요 내용은 장애인 건강보건관리사업, 장애인 사회참여사업, 장애발생 예방사업, 지역사회재활협의체 구축, 연계병원 퇴원관리 상담활동 등이 있다. 이상의 사업을 통해, 장애인의 지속적인 재활관리체계를 구축함으로써 병원 및 전문 시설과의 연결된 재활서비스를 제공할 수 있으며, 장애발생부터 지역사회까지 연계된 재활프로그램을 제공하고, 장애인에게 가족 및 지역주민과 함께 일상생활을 통해 재활 기회를 부여함으로써 조기에 최대한의 재활효과를 얻고, 사회 적응력 및 삶의 질 향상에 기여하며, 지방자치단체의 자발적 참여를 유도하여 장애인 재활 및 건강증진사업이 활성화되며, 지역주민의 장애예방 인식과 실천능력을 고양하는 것을 추구하고 있다(국립재활원, 2017).

CBR의 사업 내용을 보다 구체적으로 살펴보면 다음과 같다. 첫째, 건강보건관리사업은 재활치료 프로그램으로서 거동불능장애인 방문재활, 이동가능장애인 재활교실, 장애아동 재활교실, 보조기구 지원서비스 등이 있으며, 건강증진 프로그램으로서 장애인 건강검진 지원 서비스, 장애인 건강관리 서비스, 장애인 건강보건정보 서비스, 장애인 및 가족 건강교육 등이 있다. 보다 자세한 내용은 〈표 6-3〉과 같다.

〈표 6-3〉 CBR의 사업 내용

재활치료 프로그램	건강증진 프로그램
거동불능장애인 방문재활 (일상생활동작 관리, 욕창/피부관리, 삼킴장애 관리, 배뇨·배변관리, 호흡재활 등)	장애인 건강검진 지원 서비스 (직접검진·이동검진, 검진지원: 수검독려 전화 및 홍보, 이동차량 지원, 검진기관 정보제공 및 연계)
이동가능장애인 재활교실 (관절운동, 작업치료, 기능평가, 근력증진, 보행 및 이동동작 관리, 통증치료 등)	장애인 건강관리 서비스 (재활운동, 고혈압·당뇨 등 만성질환관리, 투약관리, 영양·비만교실, 금연·중독관리, 구강관리 등)
장애아동 재활교실 (삼킴장애 관리, 감각운동, 미술·놀이·음악치료 등)	장애인 건강보건정보 서비스 (건강보건 관련 정보 제공 및 상담, 건강보건 교육·홍보)
보조기구 지원서비스 (보조기구 대여 및 사용법 교육, 정보제공 및 추후관리, 보장구 세척 및 수리 등)	장애인 및 가족 건강교육 (자가관리 교육, 만성질환교육, 뇌졸중재발방지, 낙상/화상예방 등)

출처: 국립재활원 (2017).

둘째, 장애인 사회참여사업으로는 장애별 자조모임, 재활스포츠/레크리에이션, 가족지지/동료상담, 외출/나들이/체험프로그램, 운전교육 프로그램, 취미활동 프로그램 등이 있다. 셋째, 장애발생 예방사업으로는 장애발생 예방프로그램과 가옥 내 편의시설 지원서비스가 있으며, 이를 살펴보면 〈표 6-4〉와 같다.

〈표 6-4〉 장애발생 예방사업

장애발생 예방프로그램	가옥 내 편의시설 지원서비스
• 장애체험: 시각장애의 봉사체험, 지체장애의 휠체어 등 체험, 소감문 작성 • 장애예방: 낙상예방교육, 뇌졸중예방교육, 교통안전교육, 산업안전교육, 허약노인장애예방	가옥진단, 안전바, 문턱제거, 경사로 등 편의시설 설치

출처: 국립재활원 (2017).

3) 사업추진 체계

지역사회중심재활사업의 추진체계를 살펴보면 다음과 같다(국립재활원, 2017). 보건복지부의 건강정책과와 장애인정책과를 중심으로 사업의 총괄이 이루어지며, 국립재활원의 공공재활의료지원과에서 세부추진전략 수립 등이 이루어진다. 이후 시도 및 시 · 군 · 구, 읍 · 면 · 동의 보건복지 관련 조직의 지원을 통해, 보건소/보건지소/보건진료소에서 지역별 세부 실천계획을 수립하며, 서비스를 제공한다. 지역사회중심재활사업을 수행

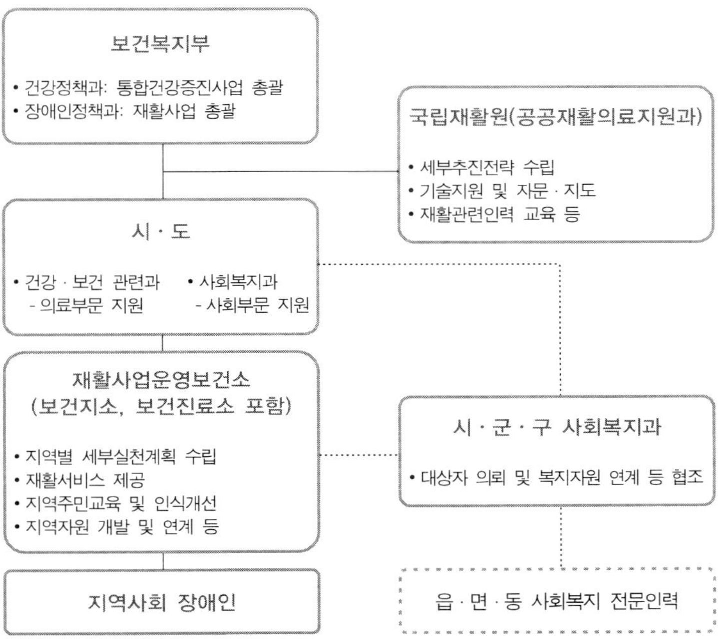

[그림 6-1] 지역사회중심재활사업의 추진체계

출처: 국립재활원 (2017).

하고 있는 기관은 보건소 170개소, 권역재활병원 6개소[14], 의료재활시설 20개소[15] 등이 있다(국립재활원, 2017).

WWW 참조하면 좋은 사이트

- 세계보건기구(WHO) CBR사업 안내
  http://www.who.int/disabilities/cbr/en
- 국립재활원
  http://www.nrc.go.kr

14) 경인의료재활센터병원, 대전충청권역의료재활센터, 강원도재활병원, 영남권역재활병원, 호남권역재활병원, 제주권역재활병원

15) 서울재활병원, 삼육재활병원, 삼육부설재활의원, 주몽재활의원, 성동재활의원, 넥슨어린이재활병원, 천성의원, 인제재활병원, 인천재활의원, 경인의료재활센터, 성세병원, 성화대전요양병원, 강원도재활병원, 충북재활의원, 충남장애인사랑의원, 혜림재활의원, 경북재활병원, 홍익재활병원, 마하재활병원, 제주춘강의원

제7장

활동지원 및 재활정책

장애인활동지원 및 재활정책은 장애인복지정책 중 비교적 가장 최근에 등장하고 발전한 것이다. 이는 사회복지정책의 발달사를 고찰해 봤을 때 공공부조, 사회보험에 이어 사회서비스의 발달이 제일 나중에 전개된 것과 일맥상통한다. 즉, 장애인활동지원 및 재활을 지원하기 위한 정책은 개인적인 대인서비스(human service)에 가까운 것으로서, 기본적인 소득보장 및 의료보장이 된 이후에 장애인 개개인의 특화된 욕구에 부합할 수 있도록 마련된 서비스라고 할 수 있다.

실제로 우리나라에서 장애인의 활동지원을 돕기 위해 마련된 장애인활동지원제도는 2011년부터 실시되고 있으며, 장애인의 자립생활(independent living)을 지원하기 위한 제도 역시 서구에서도 최근에 등장한 장애인복지 실천이념이 된다. 본 장에서는 활동지원 및 재활정책으로서 장애인활동지원제도, 중증장애인 자립생활지원사업, 발달재활서비스에 대해 살펴본다.

1. 장애인활동지원제도

1) 개요

장애인활동지원제도는 노인장기요양보험제도를 마련하는 과정에서 함께 논의가 시작되었다. 즉, 65세 이상 노인(장애인 포함)은 노인장기요양보험제도를 통해 요양서비스를 이용하고 있지만, '64세 이하 장애인의 요양 욕구는 어떻게 지원할 것인가'라는 문제는 복지부가 풀어야할 과제였다(보건복지부, 2010). 이에 정부에서는 '장애인활동지원에 관한 법률안'을 마련하였고, 2010년 12월 8일에 법률이 국회를 통과하여 2011년 10월부터 장애인활동지원 서비스가 제공되고 있다.

「장애인활동지원에 관한 법률」 제1조에는 본 제도의 목적을 신체적 · 정신적 장애 등의 사유로 혼자서 일상생활과 사회생활을 하기 어려운 장애인에게 활동지원급여를 제공하여 장애인의 자립생활을 지원하고 그 가족의 부담을 줄이는 것으로 규정하고 있다.

본 제도의 의의로서는(보건복지부, 2010), 첫째, 장애인복지정책의 패러다임 전환으로서 장애인의 사회참여, 선택, 자기결정을 강조하였다는 것이고, 둘째, 장애인의 권리가 대폭 강화되었다는 것인데, 본 제도는 과거 시행되었던 '장애인활동보조서비스'를 확대하여 도입된 것으로, 2010년 활동보조서비스는 3만 명을 지원 대상으로 하였지만, 활동지원제도로 개편되면서 사업 첫해 지원 대상이 5만 명까지 확대되었으며, 활동보조서비스에서 제공되던 신체, 가사활동, 외출이동 등 일상생활지원 뿐만 아니라 방문간호, 방문목욕, 주간보호 등의 급여가 추가되어 간병, 요양 등 다양한 욕구를 가진 장애인도 서비스를 이용할 수 있게 되었다. 셋째, 본 제도를 통해 활동보조인의 형태로 일자리가 창출되는 효과를 기대할 수 있게 되었다.

2) 장애인활동지원급여 신청 대상

장애인활동지원제도의 신청자격은 만 6세 이상 ~ 만 65세 미만의 자로 혼자 일상생활과 사회생활을 하기 어려운 「장애인복지법」상 1급 및 2급 장애인이 된다. 만 65세 이상이 되면 일상생활지원서비스를 노인장기요양제도를 통해 받게 되어, 장애인활동지원제도의 대상자에서 제외가 된다. 하지만 활동지원 급여를 받는 도중 만 65세가 도래하여 노인장기요양인정 신청을 하여 등급외 판정을 받아 노인장기요양제도의 서비스를 받을 수 없게 된 경우 장애인활동지원제도의 서비스 대상이 된다(장애인활동지원, 2016).

본 제도를 통해 활동지원급여를 받기 위해서는 시 · 군 · 구(읍 · 면 · 동) 혹은 국민연금공단 지사에 신청을 해야 하며, 이후 국민연금공단 직원이 방문조사를 실시하고, 시군구에 설치된 수급자격위원회에서 심의하여 수급자격 및 등급을 결정하게 된다. 공단의 직원이 방문조사를 할 때에는 등급판정도구(활동지원 인정조사표)를 활용하여 신청인에 대하여 신체 · 정신적 기능상태 및 서비스 욕구 등을 객관적으로 파악하게 된다. 활동지원 인정조사표는 인정등급 판정을 위한 기본조사, 추가급여 제공을 위한 조사, 욕구조사 등 3개의 조사를 실시하게 된다(장애인활동지원, 2016).

먼저 인정등급 판정을 위한 기본조사는 일상생활동작 영역, 수단적 일상생활수행능력 영역, 장애특성 고려 영역, 사회환경 고려 영역에서 총 20개의 항목을 조사하게 된다.

〈표 7-1〉 활동지원서비스 인정조사 내용

영역		항목수	내용
일상생활동작(ADL)영역		7	옷 갈아입기, 목욕하기, 식사하기, 잠자리에서 자세 바꾸기, 옮겨 앉기, 걷기, 화장실 사용하기
수단적 일상생활 수행능력 (IADL) 영역	만 15세 이상 대상	8	전화사용하기, 물건사기, 식사준비, 집안일, 빨래하기, 약 챙겨먹기, 금전관리, 대중교통수단 이용하기
	만 6세 이상~15세	6	전화 사용하기, 물건사기, 약 챙겨먹기, 금전관리, 대중교통수단 이용하기, 본인 물건 관리하기

	미만 대상		
장애특성 고려 영역		5	휠체어 사용, 청각, 시각, 인지, 정신 기능
사회환경 고려 영역		4	사회활동 참여, 위험상황 대처능력, 장애인보조 기구 사용능력, 단어나 문장을 보고 이해하기

출처: 장애인활동지원 (2017).

다음으로 추가급여 제공을 위한 조사는 1인 가구, 취약가구, 출산, 학교생활, 직장생활, 자립준비, 보호자 일시부재 등 6개 항목을 조사하게 된다.

〈표 7-2〉 장애인활동지원제도 추가급여 제공을 위한 조사 내용

영역	내용	제출서류
1인 가구	• 최중증 1인 가구 • 중증 1인 가구 • 2등급 이하 1인 가구	-
취약가구	• 최중증 1인 가구 • 중증 1인 가구 • 2등급 이하 취약가구 • 1~2급 장애인, 18세 이하, 65세 이상인 가족만으로 구성된 가구	-
출산	• 수급자 또는 수급자의 배우자가 출산하는 경우(출산 이후 6개월 지원)	-
학교생활	• 법령에 따른 정규학교 (초, 중, 고, 대, 대학원, 특수학교)에 다니고 있는 경우	재학증명서
직장생활	• 건강보험 직장가입자인 경우	-
자립준비	• 생활시설등에서 퇴소하여 자립을 준비하는 경우(수급자가 된 후 6개월 지원)	입(퇴)소 확인서
보호자 일시부재	• 가족(실질적 보호자)의 결혼, 출산, 입원 등으로 보호자가 일시적으로 부재한 경우	입원확인서, 경조사관련 확인서류, 출생증명서 등

출처: 장애인활동지원 (2017).

다음으로 욕구조사에서는 일상생활부문 및 사회활동부문, 활동지원급여 이용의향 부문, 근로욕구 조사 등 3개 영역에서 22개 항목을 조사하게 된다.

〈표 7-3〉 장애인활동지원제도 욕구조사 내용

영역	항목수	제출서류
일상생활부문 및 사회활동부문	9	신체수발, 가사활동지원(집안일 및 식사준비), 목욕지원
		이동지원, 통학지원, 학습보조(학교 등), 통근지원, 업무보조(직장 등), 의사소통지원
활동지원급여 이용의향 부문	11	신체수발, 가사활동지원(집안 일 및 식사지원), 목욕지원, 이동지원, 통학지원, 학습지원, 통근지원, 업무보조, 의사소통지원, 의사소통지원, 간호서비스지원, 기타
근로욕구 조사	2	취업 희망여부, 직업재활시설, 고용알선기관 등에 취업 희망 의사 전달 동의 여부

출처: 장애인활동지원 (2017).

3) 급여 내용

활동지원급여는 활동보조, 방문목욕, 방문간호 등 세 가지로 구성되어 있다. 첫째, 활동보조는 신체활동, 가사활동, 사회활동지원, 기타 서비스를 제공하는 것이고, 둘째, 방문목욕은 요양보호사가 목욕시설을 갖춘 장비를 이용, 수급자의 가정 등을 방문하여 목욕서비스 제공하는 것이며, 셋째, 방문간호는 의사, 한의사 또는 치과의사의 지시에 따라 간호사가 수급자 가정 등을 방문하여 간호, 진료의 보조, 요양에 관한 상담, 구강위생 서비스 등을 제공하는 것이다. 이상의 서비스에 대한 이용료는 본 제도에서 제공되는 활동지원급여와 본인부담금으로 지불하게 된다. 활동지원급여는 기본급여 및 추가급여로 나누어진다(장애인활동지원, 2016).

2017년을 기준으로 기본급여액의 월 한도액은 〈표 7-4〉와 같다.

〈표 7-4〉 장애인활동지원제도 기본급여액

지원등급	월 한도액
1등급	1,091,000원
2등급	869,000원
3등급	657,000원
4등급	435,000원

출처: 장애인활동지원 (2017).

추가급여액은 가구의 특성에 따라 2017년을 기준으로 〈표 7-5〉와 같이 제공된다.

〈표 7-5〉 장애인활동지원제도 추가급여액

분류	추가급여액
① 인정점수가 400점 이상으로 독거(1인 가구)인 경우	2,523,000원
② 인정점수가 380~399점으로 독거(1인 가구)인 경우	740,000원
③ 인정점수가 380점 미만으로 독거(1인 가구)인 경우	185,000원
④ 인정점수가 400점 이상으로 수급자를 제외한 가구구성원이 1~3급 장애인, 18세 이하 또는 65세 이상인 가족만으로 구성된 경우	2,523,000원
⑤ 인정점수가 380~399점으로 수급자를 제외한 가구구성원이 1~3급 장애인, 18세 이하 또는 65세 이상인 가족만으로 구성된 경우	740,000원
⑥ 인정점수가 380점 미만으로 수급자를 제외한 가구구성원이 1~3급 장애인, 18세 이하 또는 65세 이상인 가족만으로 구성된 경우	185,000원
⑦ 수급자 또는 수급자의 배우자가 출산한 경우	740,000원
⑧ 거주시설 등에서 퇴소하여 자립을 준비하는 경우	185,000원

⑨ 학교에 다니는 경우	93,000원
⑩ 직장에 다니는 경우	370,000원
⑪ 가족(실질적 보호자) 등의 결혼, 출산, 입원 등으로 보호자가 일시적으로 부재한 경우	185,000원
⑫ 인정점수 400점 이상으로 수급자를 제외한 나머지 가족의 직장생활 · 학교생활 등으로 인하여 보호가 필요한 경우	675,000원

출처: 장애인활동지원 (2017).

본인부담금은 소득, 재산, 부양의무자 등의 기준에 따라 차등적으로 부과된다. 기초수급자인 경우는 본인부담금이 면제되며, 차상위계층은 2만 원, 차상위초과자는 소득수준에 따라 기본급여액의 6~15%, 추가급여액의 2~5%에 해당하는 금액을 부담해야 한다.

활동지원급여를 제공하는 활동지원기관은 시설 및 인력기준을 충족한 기관 중에서 지정 기준에 따라 시 · 군 · 구에서 지정하며, 활동지원기관은 활동보조기관 뿐만 아니라, 방문간호 및 방문목욕 기관(우수한 노인 장기요양기관 중에서 지정)도 지정이 될 수 있다. 활동지원인력은 학력 제한 없이 만 18세 이상의 신체적 · 정신적으로 활동보조가 가능한 자로서 보건복지부장관이 정하는 교육기관에서 교육과정을 이수한 자가 되며, 활동지원인력 전문교육을 위한 활동지원교육기관은 시 · 도에 복수(2개소 이상)가 지정이 된다(장애인활동지원, 2013).

한편, 급여의 서비스제공기관을 운영하고자 하는 자는 활동지원급여를 제공하는 데 필요한 시설 및 인력 등을 갖추어 특별자치도지사, 시장, 군수, 구청장으로부터 지정을 받아야 한다. 또 신체활동, 가사활동, 외출이동 등의 활동보조서비스를 제공하는 활동보조인은 지방자치단체에서 지정받은 교육기관에서 보건복지부장관이 정하는 교육과정을 수료하거나 대통령령으로 정하는 일정자격을 갖추어야 한다.

WWW 참조하면 좋은 사이트

- 장애인활동지원
  http://www.ableservice.or.kr
- 보건복지부
  http://mw.go.kr

2. 중증장애인 자립생활지원사업

1) 개요

장애인복지에 있어 자립생활이란 장애인이 스스로 자신의 삶의 방식을 결정하고 구체적으로 의사결정이나 일상생활 활동에 참여함을 의미한다. 미국에서는 1960년대부터 이러한 이념을 기반으로 자립생활운동이 시작되었으며 재활법(Rehabilitation Act of 1973)과 ADA법(Americans with Disabilities Act of 1990)의 제정을 통해 장애인복지정책과 연구에 새로운 방향을 제시하는 패러다임으로 자리 잡게 되었다.

본 제도의 목적은 중증장애인을 대상으로 포괄적인 자립생활 정보제공, 권익옹호 활동, 동료상담, 자립생활기술훈련, 활동보조서비스 등을 제공함으로써 장애인의 자립생활 역량을 강화하고, 지역사회에서의 다양한 사회참여 활동을 지원하기 위한 것이다.

본 제도의 법적근거로는 우선 장애인복지법 제53조부터 제56조를 들 수 있다. 우선 동법 제53조에서는 "국가와 지방자치단체는 중증장애인의 자기결정에 의한 자립생활을 위하여 활동보조인의 파견 등 활동보조서비스 또는 장애인보조기구의 제공, 그 밖의 각종 편의 및 정보제공 등 필요한 시책을 강구하여야 한다"라고 규정되어 있으며, 이를 위해 제54조에서는 중증장애인자립생활지원센터를 서비스 전달체계로 명시하고 있다. 또한 활동지원급여와 장애동료 간 상담 등이 이루어져야 함이 동법 제55조와 제56조에 나타나 있다.

정부에서는 본 제도 운영의 기본적인 철학을 다음과 같이 정리하고 있다(보건복지부, 2017). 첫째, 센터의 모든 활동은 영리활동, 특정 종교 활동 등에 연관되거나 이용할 수 없으며, 자립생활 이념에 기반을 두고 장애인의 자기선택권과 결정권을 최대한 존중하며 장애인의 참여를 최우선으로 한다. 둘째, 센터는 장애인차별금지법에 명시한 차별행위나 어떠한 활동에도 차별 없이 장애인에게 동등한 서비스를 제공해야 한다. 셋째, 의사결정, 서비스 제공, 운영 규정 등을 포함한 센터의 운영은 장애인이 중심이 된다. 넷째, 장애인들 간에 서로 지원하고 옹호하는 동료지원(peer support)모델이 자립생활서비스 제공의 원리이다. 다섯째, 장애인들은 누구나 모든 서비스에 동등하게 접근할 수 있어야 한다.

2) 중증장애인 자립생활지원사업 지원 대상 및 사업 내용

중증장애인자립생활지원제도의 지원 대상은 모든 유형의 장애인으로 하되, 시설거주 장애인, 탈시설 장애인, 재가장애인 등 자립생활을 희망하는 장애인을 우선 대상으로 한다. 사업의 운영주체는 시 · 군 · 구청장의 추천을 통해 각 시 · 도지사가 선정한 중증장애인자립생활(IL)지원센터가 된다.

센터는 중증장애인에게 자립생활지원을 제공하는 기능과 역할을 충실히 수행하기 위하여 주요 기능을 중심으로 지역적 특성 및 개별 장애인들의 욕구를 고려하여 사업을 수행한다. 주요 기능 중 기본은 중분류를 기준으로 1개 사업 이상을 수행하여야 하며, 선택은 센터 여건에 따라 특정 서비스를 1개 이상 제공하거나 제공하지 않을 수 있다. 각 사업의 세부적인 내용은 〈표 7-6〉과 같다.

〈표 7-6〉 중증장애인자립생활지원센터의 주요 기능 및 주요 사업

주요 기능			주요 사업
구분	대분류	중분류	
기본 사업	권익옹호 지원	차별예방 및 권리침해구제	• 차별대응 및 권리구제 지원 • 인권침해 긴급지원 및 자원연계 • 장애인권 및 권리옹호교육 • 차별 모니터링 및 구제활동
		지역사회 역량강화 활동	• 제도 및 서비스 개선 및 구축 활동 • 정책제안 및 모니터링 활동 • 장애인권익향상 네트워크 활동
	동료상담	동료상담 및 동료상담가 지원	• 정보제공 • 개별 및 집단 동료상담 • 동료상담가 양성 • 동료상담 프로그램 개발
	개인별 자립지원	개인별 자립생활지원 및 자립생활기술훈련	• 개인별 자립생활지원 계획 수립 및 지원 • 모니터링 및 사후지원 • 자립생활기술훈련 지원
	거주시설 장애인 탈시설 자립지원	탈시설 장애인 자립지원 기획 및 관리	• 탈시설 계획 수립 및 홍보 • 탈시설 전환 간담회 및 교육 • 탈시설 관련기관 협력
		자립생활체험홈(실) 운영 지원	• 체험홈 등 자립지원시설 관리 • 자립생활서비스 지원

선택 사업	지역사회 서비스 지원	자립지원 서비스	• 활동보조서비스 • 이동 서비스 및 보장구 지원 • 주거서비스(주택개조, 자립생활 주택 등) • 문화 여가 활동 • 평생교육 및 문해교육 • 응급안전서비스 • 자립 자원 발굴(후원개발 등)

주: 본 사업의 지원비로 활동보조서비스를 제공하여서는 안 되며, 장애인 활동보조바우처사업에 의해서만 제공 가능. 단, 별도의 자체예산을 통해 활동보조서비스를 제공하는 것은 가능함.

출처: 보건복지부 (2017).

WWW 참조하면 좋은 사이트

- 스웨덴 자립생활연구소 홈페이지(ILI)
  http://www.independentliving.org
- 서울장애인자립생활센터
  http://www.scil.or.kr

3. 발달재활서비스

1) 개요

개인의 장애로 인하여 발생하는 사회적 박탈은 장애인이 속한 연령집단에 따라 매우 다르게 나타난다. 가령 아동기나 학령기에 속한 장애인은 인생의 주요 발달과업을 성취해야 할 중요한 시기가 되며, 이에 따라 신체적 · 인지적 · 사회적 발달을 지원하기 위한 특화된 서비스가 요구된다. 이를 위해 정부에서는 특수교육 및 장애아동수당 등의 정책을 실시하고 있으며, 발달재활서비스 역시 이러한 맥락에서 수행되고 있는 중요한 제도라고 할 수 있다.

발달재활서비스의 목적은 성장기의 정신적·감각적 장애아동의 기능향상과 행동 발달을 위해 적절한 발달재활서비스를 지원하고, 관련 정보를 제공하며, 높은 재활치료 비용으로 인한 장애아동 양육가족의 경제적 부담을 경감하는 데 있다(보건복지부, 2011d). 본 제도의 법적 근거는 「장애아동복지지원법」 제21조 제1항의 "국가와 지방자치단체는 장애아동의 인지, 의사소통, 적응행동, 감각·운동 등의 기능향상과 행동발달을 위하여 적절한 발달재활서비스를 지원할 수 있다"를 들 수 있으며, 제2항에서는 "발달재활서비스를 지원할 때에는 장애아동의 장애유형·장애 정도와 그 가족의 경제적 능력 등을 고려하여 지원할 대상 및 내용을 결정할 수 있다"라고 규정하고 있다.

한편, 언어발달지원사업의 목적은 시각 및 청각장애를 가지고 있는 부모의 비장애자녀에게 필요한 언어발달지원서비스를 제공하는 데 있다. 이를 통해 아동의 건강한 성장지원 및 장애가족의 자체 역량을 강화하고자 한다.

2) 사업 대상

발달재활서비스의 서비스 대상자 기준을 살펴보면, 첫째, 연령은 만 18세 미만의 장애아동을 원칙으로 하되, 「초·중등교육법」 제2조에 따른 학교에 재학 중인(휴학생은 제외) 경우에는 만 20세가 되는 달까지 지원을 연장하되, 만 20세에 도래하기 전에 학교를 졸업하는 경우에는 졸업하는 달까지 인정한다. 둘째, 장애유형은 뇌병변, 지적, 자폐성, 청각, 언어, 시각장애를 가지고 있는 경우 해당된다. 셋째, 소득기준은 전국가구 평균소득의 150% 이하인 가정이 된다. 단, 소득기준이 전국가구평균소득 150%를 초과하는 경우에는 장애아 2명 이상 가구, 부모 중 1명 이상이 중증장애인(1, 2급 및 3급 중복장애)인 가정에 대하여 시 · 군 · 구청장이 인정하는 경우 예산범위 내에서 지원할 수 있다.

언어발달지원사업에서의 서비스 대상은 부모 모두가 시각 혹은 청각장애인인 만 18세 미만의 비장애아동으로서, 가구의 소득이 전국가구 평균소득의 100% 이하인 가정에 속해 있는 경우가 된다(보건복지부 사회서비스 전자바우처, 2017).

3) 사업 내용 및 서비스 제공기관

발달재활서비스의 사업 내용은 언어 · 청능치료, 미술 · 음악치료, 행동 · 놀이 · 심리운동 치료 등 재활치료서비스와 장애 조기 발견 및 발달진단서비스, 중재를 위한 부모 상담 서비스 등이며, 서비스의 제공방식은 기관방문형과 재가방문형으로 나뉜다.

각 서비스에 대한 비용의 일부 혹은 전액은 22만 원 한도 내에서 정부지원이 되며, 이때 지원은 바우처(voucher)를 지급함으로써 이루어진다. 이러한 정부의 지원금은 서비스 대상자의 소득기준에 따라 '가'형, '나'형, '다'형, '라'형으로 구분하여 차등 지급되며, 본인부담금은 역시 소득에 따라 차등으로 주어진다. 정부로부터 월 14만 원에서(전국가구평균소득 100% 초과 150% 이하) 최대 월 22만 원(기초수급자)을 지원 받으며, 최대 8만 원의 본인부담금을 내야 한다. 서비스 1회(50분) 기준 27,500원(기본단가)이다. 단, 지역 및 기관 사정 등에 따라 제공기관별로 단가가 상이하다.

〈표 7-8〉 장애아동재활치료사업 소득 기준별 대상자 등급 결정

소 득 기 준	등급	정부지원금	본인부담금
기초생활수급자	다형	22만 원	면제
차상위 계층	가형	20만 원	2만 원
차상위 계층 초과~전국가구평균소득 50% 이하	나형	18만 원	4만 원
전국가구평균소득 50% 초과~100% 이하	라형	16만 원	6만 원
전국가구평균소득 100% 초과~150% 이하	마형	월 14만 원	8만 원

주: 2016년 기준.
출처: 보건복지부 사회서비스 전자바우처 (2016).

언어발달지원사업에서 제공되는 서비스는 언어발달진단서비스, 심리상담서비스, 언어치료, 청능치료 등 언어재활서비스 및 독서지도, 놀이지도, 수화지도 등이다. 서비스의 가격은 정부지원금(바우처) 및 본인부담금을 통해 지불하게 되며, 서비스단가는 서비스 제공기관별로 단가가 상이하며, 1회당 치료 서비스 제공시간은 50분이 기본(치료시간 40분 이상)이 된다. 제공기관별 서비스 단가는 전자바우처 포털에서 확인 가능하다(보건복지부 사회서비스 전자바우처, 2016).

〈표 7-9〉 언어발달지원사업 소득별 바우처지원액 및 본인부담금

소득수준	바우처지원액	본인부담금
기초생활수급자 (다형)	월 22만 원	면제
차상위 계층 (가형)	월 20만 원	2만 원
차상위 초과 전국가구평균소득 50% 이하(나형)	월 18만 원	4만 원
전국가구평균소득 50%초과 100% 이하(라형)	월 16만 원	6만 원

주: 2016년 기준.
출처: 보건복지부 사회서비스 전자바우처 (2016).

발달재활서비스 및 언어발달지원사업을 제공하는 기관은 장애인복지관, 사설치료실 등 시 · 군 · 구의 지정을 받은 기관과 서비스 대상자가 이용을 원하는 제공기관(계약 후 서비스 이용)이 된다. 서비스 제공인력은 발달재활서비스 관련 분야 국가자격증 소지자로서 언어재활사가 된다(보건복지부 사회서비스 전자바우처, 2016).

WWW 참조하면 좋은 사이트

- 보건복지부 사회서비스 전자바우처
  http://www.socialservice.or.kr
- 한국장애인개발원 중앙장애아동지원센터
  http://www.koddi.or.kr/service/children.jsp

제8장

성년후견제

2011년 3월에 개정된 민법에서의 성년후견제도는 질병, 장애, 노령 등에서 비롯된 정신적 제약으로 인해 재산이나 신상에 대한 사무를 처리할 능력이 부족한 사람의 의사결정이나 사무 처리를 돕는 법적 지원 장치를 말한다. 이미 프랑스에서는 1968년에 민법을 개정하여 성년후견제를 시작하였고, 영국은 1983년, 독일은 1990년에 도입하였고, 아시아에서는 처음으로 일본이 2000년 4월부터 시행하였으며, 우리나라의 경우 2013년 7월 1일부터 시행되었다. 제도 시행이 다소 늦은 감이 없지 않지만 우리나라의 성년후견제 관련 법은 해외 선험국(先驗國)의 운영 사례를 검토하여 장단점을 비교·분석한 후, 우리나라 실정에 부합토록 개정한 것으로 판단된다. 가령 '임의후견인' 제도를 채택한 일은 우리 상황에 부합하는 소중한 성과라고 평가할 수 있겠다.

하지만 성년후견제에 대한 사회적 인식은 아직 많이 부족한 상황이며, 정부에서 새로운 제도의 목표와 방향 및 운영을 위한 세부적 방안을 뚜렷이 제시하지 않아 제도 시행에 우려가 커지고 있는 것이 현실이다. 더욱이 후견관련 업무를 담당하는 중앙 정부의 주무부서 결정이라든지 혹은 새로운 주무부서의 신설(예: 공공 후견인청 또는 후견청), '성년후견인' 양성과 지정, 보수교육 그리고 후견업무의 투명한 관리 운영 및 양질의 후견서비스 제공 등이 체계적으로 정리되지 못한 가운데에 있는 것도 문제이다.

이러한 상황 속에서 자칫 성년후견제가 피성년후견인의 '의사결정지원' 서비스가 아니라 '의사결정대행' 서비스로 전락하지 않을까 하는 염려가 크다. 과거 우리나라는 성년후견제의 대상이라 할 수 있는 '의사결정능력상의 장애인(예: 지적장애인, 자폐성장애인, 발달장애인, 정신장애인, 치매노인 등)'을 대상화하거나 배제 혹은 단순 보호하는 제도를 채택해 왔다. 그러한 제도 속에서 자기결정권 존중을 위한 의사결정능력의 정의와 기준 마련, 나아가 사회 구성원에 대한 계몽과 교육 등은 거의 이루어질 수 없었다. 자연히 '의사결정능력상의 장애인'들은 의존적이거나 수동적인 정체성을 사회로부터 강요받아 올 수밖에 없었다. 실제로 과거 금치산·한정치산자가 되면 300여개가 넘는 법령을 통해 사회활동을 할 자격이 박탈되거나 제한되는 것은 말할 것도 없고, 행위·소송·심판절차 수행능력을 박탈당하거나 제한당해 왔던 것이다.

중요한 사실은 우리나라를 비롯하여 여러 국가들마다 조금씩 상이한 제도를 가지고 있지만, 성년후견제의 공통점은 판단능력이 부족하거나 상실한 사람들의 권익을 보호하고, 인간의 존엄성(보편화, 자기결정권 존중, 잔존능력 인정 및 활용 등)을 강조하고 있다는 것이다. 즉, 성년후견제는 민법개정에 따라 재산이나 신상에 관한 사무 처리에 어려움이 있는 이들의 의사결정 등을 지원함으로써 당사자의 권리를 보호하고자 만들어진 제도인 것이다.

따라서 성년후견제의 핵심은 당사자의 자기결정권이 보장되어야 하는 데에 있다. 이를 위해 의사, 사회복지사 등 의료·복지전문가들뿐만 아니라 법조계, 제도와 직·간접적으로 관련된 국가기관, 성년후견인으로 활동하게 될 잠재적인 구성원을 비롯한 모든 국민의 이해가 기반 되어야 할 것이다. 결국 성년후견제도가 그 본래 취지인 당사자의 자기결정권 존중에 기초하여 성공적으로 안착하기 위해서는 실제 후견서비스를 당사자에게 제공하는 '성년후견인' 양성과 지정, 사후관리 및 후견행위를 누가 어떻게 감당하느냐에 달려있다고 본다. 바로 이러한 측면에서 성년후견제의 효과적이며 효율적인 운영을 위해서는 우리나라의 여건 상 민관 협력이 대단히 중요하다.

1. 성년후견제도의 추진과정

우리나라의 성년후견제도는 발달장애를 가진 자녀를 둔 부모들이 자신의 사후에 합법적으로 자녀의 신상을 보호받을 수 있는 방안을 요구하면서부터 시작되었다. 실제로 과거 우리나라에서는 발달장애인이 주변에서 돌보아 줄 가족이 없는 경우 노동력을 착취당하거나 이들의 명의를 도용하여 자신들의 재산상 이득을 취하는 사례가 빈번히 발생하였었다. 이러한 문제 해결을 위해 장애인단체, 장애인부모회 등을 중심으로 성년후견제도의 입법을 줄기차게 요구하였다. 이들은 주로 법 이론적 관점이 아닌 사회복지적인 관점에서 입법을 청원하였고, 입법의 추진도 주로 보건복지부를 통해서 이루어졌으나 번번이 입법이 좌절되는 고초를 겪어야 했다.

그러던 중 2009년에 대통령 공약 사항 중 하나였던 성년후견제도 도입이 국정과제로 선정되었고, 해당 법률이 민법 개정으로 가닥이 잡히면서 주무부처 또한 보건복지부에서 법무부로 바뀌게 되었다. 이후 민법개정위원회가 구성되어 각계각층의 폭넓은 의견을 수렴한 후 입법을 추진한 결과 마침내 2011년 3월 성년후견제 도입을 위한 민법개정안이 제정되었고, 2013년 7월부터 성년후견제도가 시행되었다. 동시에 성년후견제의 안착을 위해 2013년 3월에는 「가사소송법」과 「가사소송 규칙」이 개정되고 「후견등기에 관한 법률」도 제정되었다.

2. 성년후견제의 주요 내용

성년후견제도는 본인의 의사와 장애정도에 대한 고려 없이 행위능력을 획일적으로 제한한 "금치산", "한정치산" 제도와는 달리 피후견인의 의사와 잔존능력을 존중하는 제도이다. 또한 경제적 문제 외에 신상보호 등 다양한 영역에서의 후견업무 수행을 전제하여 피후견인의 실질적인 권리보호가 가능토록 법제화되었다.

1) 성년후견제도의 개념

법원의 심판 또는 후견 계약으로 선임된 후견인이 질병, 장애, 노령 등의 사유로 인한 정신적 제약으로 사무를 처리할 능력이 결여되거나 부족한 성인의 의사결정을 도와주는 제도이다.

2) 성년후견인의 종류와 임무

성년후견인 제도는 크게 '법정후견인'과 '임의후견인'으로 구분할 수 있고, 법정후견인은 다시 피후견인의 사무처리 능력 제한의 정도에 따라 '성년후견인', '한정후견인', '특정후견인'으로 구분할 수 있다. 특히 임의후견의 내용은 당사자들의 계약에 정한 바에 따른다. 임의후견 계약은 가정법원이 임의후견 감독인을 선임하여야만 효력이 발생한다.

〈표 8-1〉 성년후견인의 종류

구분	성년후견인	한정후견인	특정후견인	임의후견인
선임 요건	• 사무처리 능력의 지속적 결여	• 사무처리 능력이 부족	• 일시적 혹은 특정한 사무에 관한 후원 필요	• 당사자 간의 계약
후견인의 권한	• 법정대리권, 재산관리권 • 신상결정 동의권 (법원 권한 부여 범위 내) • 신분행위 동의권 (결혼 등)	• 법원이 위임한 범위 • 신상결정 동의권 (법원 권한 부여 범위 내) • 신분행위 동의 불가	• 법원에서 결정된 특정기간 및 특정 사안에 대해서만 대리권 보유	• 계약내용에 따름, 다만 가정법원이 임의후견감독인을 선임하여야 효력 발생

이와 같은 성년후견인은 피성년후견인의 재산관리의 대리, 의료행위 동의 등 신상결정의 대행, 혼인, 이혼 등 신분결정의 동의 등 중요한 역할을 담당한다. 다만, 사안에 따라서는 법원의 사전 또는 사후 허가를 요한다.

하지만 피성년후견인의 치료 등의 직무에 대하여는 성년후견인이 결정할 수 없고, 가정법원의 허가를 받도록 하고 있다. 성년후견인이 피성년후견인을 대리하여 피성년후견인이 거주하고 있는 건물 또는 대지에 대하여 매도, 임대, 전세권 설정, 저당권 설정, 임대차의 해지, 전세권의 소멸, 그밖에 이에 준하는 행위를 하는 경우에는 가정법원의 허가를 받도록 하고 있다.

3) 성년후견인의 선임과 변경

가정법원은 본인, 배우자, 4촌 이내의 친족, 후견인, 검사 또는 지방자치단체장의 청구에 의하여 성년후견인을 선임하도록 하고 있다. 또한 임의후견인으로 선임된 경우라도 후견계약에서 정한 임무에 적합하지 아니한 사유가 있는 자의 경우에는 가정법원은 임의후견 감독인, 본인, 친족, 검사 또는 지방자치단체장의 청구에 의하여 임의후견인을 해임할 수 있다.

또한 성년후견인은 정당한 사유가 있는 경우에는 가정법원의 허가를 받아 사임할 수 있고, 가정법원은 피후견인의 복리를 위하여 후견인을 변경할 필요가 있다고 인정하면 직권으로 또는 피후견인, 친족, 후견감독인, 검사, 또는 지방자치단체장의 청구에 의하여 후견인을 변경할 수 있다.

4) 성년후견감독인

후견인의 사무를 감독하며, 후견인이 없는 경우 성년후견인의 선임을 청구하는 역할을 한다. 후견감독인은 피후견인의 신상이나 재산에 대해 급박한 사정이 있는 경우 그의 보호를 위해 필요한 행위 또는 처분을 할 수 있고, 성년후견인과 피후견인 사이에 이해가 상반되는 행위에 관하여 후견감독인이 피후견인을 대리할 수 있도록 하고 있다.

3. 민관협력 방안

1) 후견 관련 담당 부서의 역할에 대한 명확한 업무 설정과 민간협력 강화

(1) 주무부서인 법무부와 보건복지부의 역할 분담 정리

성년후견제의 주무부서는 법무부와 보건복지부이다. 법무부는 법률의 개정을 통해 성년후견제도가 우리나라에서 제대로 작동할 수 있도록 하는 제도적인 측면에서의 총괄 지원을 해야 한다. 보건복지부는 후견인 및 후견감독인 양성을 위한 교육 매뉴얼 제작의 지원, 성년후견제도 이용 지원사업으로 성년후견인제도의 활성화를 위한 홍보, 무재산자 등 국가 지원이 없으면 성년후견제도의 이용이 곤란하다고 인정되는 이들의 후견 비용 지원, 후견제도 신청에 필요한 경비 등의 일부 지원 등을 지원하는 성년후견 공적지원체제를 구축하여 실질적인 제도 운영의 일차적 책임부서가 되어야 한다.

이렇게 주무부서의 역할과 기능을 결정하는데 있어서, 피후견인의 신상관리 부문은 일본의 사례를 참조하여 보건복지부에서 감당해야 한다고 보았다. 왜냐하면 기존에 장애인 및 노인복지사업 등 여러 가지 유사사업을 수행한 경험이 있고, 관련기관 및 단체(예: 국민건강보험공단, 국민연금관리공단, 사회복지협의회 등 전국적 조직을 가진 사회복지 단체 등)를 관리하고 있어 중앙 정부 내의 다른 부처들에 비해 보다 바람직하다고 판단되기 때문이다. 물론 이러한 제안에 대하여 재산관리와 신상보호를 명확히 구분하지 못한다는 점이 논쟁의 대상이 될 수 있지만, 사회복지 중심의 신상보호와 아울러 후견인 교육 및 양성업무를 주관할 주무부서는 보건복지부에서 일차적으로 주관하고 실질적인 시행은 지방자치단체가 맡는 것이 효율성과 업무 유사성 면에 있어서 타당하다고 본다. 더욱이 보건복지부는 성년후견서비스와 유사 업무(예: 장애인활동지원서비스 등)를 운영한 다양한 경험과 보건·복지 관련기관들을 보건복지부 소속 산하기관으로 두고 있기에 업무의 협조성과 유기적인 관계 유지에 있어서 타 기관에 비해 보다 적합하다고 본다.

여기에는 솔직히 많은 논란이 있을 수 있다. 그 많은 논란 중 가장 대표적인 것을 꼽으라면 역시 주무부서의 신설 제안에 관한 부분이다. 예를 들면 '성년후견청'의 신설이다. 상당히 일리가 있고, 필요할 수도 있다고 본다. 하지만 이렇게 새로운 주무부서를 만들기란 쉽지 않은 것이 현실정이기도 하다. 특히 성년후견제의 대상은 장애인과 노인 영역에 광범위하게 펼쳐져 있다. 가령 장애인직업재활의 경우를 살펴보면 보건복지부, 교육부, 고용노동부가 모두 걸쳐 있다. 따라서 이들 부서들의 중복업무를 재조정하는 일은 쉬운 일이 아니다. 그동안 장애인직업재활과 고용을 총괄하는 주무부서를 신설하려는 노력을 많이 해왔지만 현실적인 어려움이 큰 것이 사실이다.

그렇다면 주무부서를 신설하기보다는 독일을 비롯한 해외 선험국들의 성년후견청의 역할과 기능을 참고하여 우리 실정에 맞게 그 업무들을 조정한 후, 보건복지부가 지방자치단체와 함께 실질적으로 제도를 운영하는 것이 바람직하다고 본다.

(2) 법원(가정법원, 대법원)의 역할 정립

법원은 성년후견 신청을 받고, 법원 소속 조사관의 사실 조사를 통해 피성년후견인과 성년후견인 후보자에 대해 조사를 진행할 수 있는 환경을 우선적으로 조성해야 한다. 특히 가정법원은 후견 업무에 관하여 선임권, 변경권, 해임권, 결정권 등이 있으며, 후견인 등의 후견업무에 관련된 의사결정 혹은 특정 행위에 대한 적법성과 적합성을 심사할 수 있다. 즉, 후견인의 선임, 변경, 해임과 후견인의 권한 설정 및 후견 등기 그리고 후견인에 대한 최종 감독 등을 수행할 수 있다.

이러한 법원의 역할을 분명히 하고, 효과적인 업무를 수행하기 위해서는 성년후견제도에서 법원이 핵심적인 위치를 차지하고 있는 독일의 사례를 먼저 살펴볼 필요가 있다. 2011년 현재 독일의 인구 8,180만 명 중에서 성년후견제 이용 인구는 130만 명으로 나타나 있다. "독일후견제법"은 연방법이며, 민법의 일부로, 독일의 성년후견제에서 두드러지는 가장 큰 특징은 두 가지로 요약될 수 있다. 첫째는 당사자의 의사결정을 지원하는데 강한 초점을 맞추고 있다는 것이다. 그렇기 때문에 후견인들은 의료치료 및 재정적 관리를 주로 담당한다. 둘째는 '검인 법원(The Probate Court: Betreuungsgericht을 '검인 법원'으로 번역하였음)'에서만이 성년후견인을 지정할 수 있는 권한을 갖고 있다. 후견인 지속연수는 최대 7년이며 긴급한 상황일 때는 임의로 6개월까지 지정할 수 있다. 이러한 독일의 검인 법원이 수행하는 주요 기능은 다음과 같다.

첫째, 성년후견인을 선임 및 해임한다. 둘째, 법원은 성년후견 활동을 전반적으로 감독한다. 만약 성년후견인이 후견의 의무를 현저히 위반하는 경우가 발생하면 법원이 개입하게 된다. 이는 적절한 명령 및 금지조치를 통하여 이루어지는데 경우에 따라서는 강제금을 부과한다. 성년후견인의 요청이 있는 경우에는 성년후견인에게 적절한 조언을 할 수 있다. 성년후견인 및 성년후견 감독인은 성년후견의 사무집행 및 피성년후견인의 신상상태에 대해서 보고의무가 있다. 재산관리에 대해서는 원칙적으로 1년에 1회 보고서를 제출하고, 법원의 검사를 받아야 한다. 셋째, 법원은 피성년후견인에 대한 수용 혹은 수용 유사 조치 그리고 피성년후견인이 임차한 주거의 해지 등에 대해서도 허가권을 갖는다. 넷째, 법원은 피성년후견인에 대한 건강상태 및 치료를 위한 검진에 있어서 허가권을 가지며, 일정한 요건 하에 의사의 시술 및 불임수술에 있어서도 허가권을 갖는다. 다섯째, 법원은 성년후견인의 법정 대리권 행사에 대한 허가 여부를 결정하며 법정후견뿐 아니라 임의후견에 있어서도 성년후견인을 감독하는 권한을 갖는다. 임의후견이 법정후견과 같은 기능을 수행할 수 있도록 하여 이를 촉진하는 목적을 갖고 있다.

한편, 호주의 경우에는 주 자체와 수도권에서, 해당되는 재판소 혹은 후견제 심사 위원회에서 성년후견인을 지정할 권리가 있다. 가령, 노던 테리토리(Northern Territory), 즉 호주 중북부의 연방 직할지에서는 치안판사(magistrate)가 후견인을 지정한다. 특히 후견인은 매년 재판소(법원), 위원회 혹은 후견인을 지정한 곳에 연차보고서를 제출해야 한다. 후견인은 언제나 재판소 혹은 위원회의 감사 대상이 되며 후견인은 이를 자연스럽게 받아들여야 할 의무가 있다.

또한 스위스의 경우, 2011년 현재 인구 800만 명 중 성년후견제 이용인구는 약 8만 명으로, "스위스후견제법"은 역시 다른 나라들과 마찬가지로 민법으로 분류된다. 특기할만한 사항은 법원에서 지정하는 후견인의 범위에 '복지변호인(welfare advocates)'이 포함되어 있다는 점이다. 복지변호인과 후견인은 피성년후견인 한 사람의 재정과 개인 복지에 대해서 보호하도록 되어있다. 복지변호인과 후견인의 차이는 한 사람의 보호유지에 관한 법적 역할의 정도로 볼 수 있는데 후견인은 피성년후견인의 권리(예: 결혼 동의에 대한 결정)에만 치중할 수 있는 반면, 복지변호인은 자산 및 권리 이외의 부분에 치중한다. 그리고 대부분의 경우 후견인은 2년마다 후견기관(guardianship authority)에 보고서를 제출해야 한다. 이 보고서에는 피성년후견인에 대한 모든 상황들을 보고하도록 되어 있어 지속적으로 후견제가 필요한지의 여부 또는 신분의 변화 및 중대한 일(예: 결혼이나 의료절차)에 대해서 보고해야 한다. 만약 재정에 대한 결정이라면 피성년후견인의 수입과 지출에 대해서도 보고해야 한다. 특히 전문후견인은 고용된 사회서비스기관으로부터 관리 및 지원을 받고 있는데 교육과 전문적인 발전의 기회를 전문학교와 컨퍼런스를 통해 제공받고 있다.

그리고 미국의 경우에는 현재 50개 주에서 각 주 자체의 성년후견제법을 갖고 있다. 최근에 와서는 각 주마다 다른 성년후견제법을 통합하려는 지속적인 노력이 계속되고 있다. 특이한 점은 미국의 경우 후견제는 개인사(personal affairs)로 분류되고, 관리제(Conservatorship)는 자산 관련 혹은 재정적 사정(financial affairs)으로 분류된다는 것이다.

반면 현재 우리나라의 성년후견제는 정확한 전달체계에 대한 언급 없이 성년후견인 선임 심판을 가정법원이 하게 된다는 사항만 민법에 정해져 있다. 따라서 이상의 해외 사례에 근거할 때, 우선적으로 우리나라 가정법원의 전문성을 담보하는 방안을 마련하는 일이 필요하다고 본다. 독일과 호주 등과 같은 해외 선험국 법원이 수행하는 역할과 기능에 하루 빨리 도달하기 위해서는 우리나라 가정법원의 전문적인 업무 역량을 강화하는 방안이 시급히 요구된다.

바로 여기에 민간 전문기관과의 유기적인 연계체제 구축이 필요하다. 제도 도입과 더불어 민간 '성년후견센터'와 서울 가정법원, 18개 지방법원 가정지부와의 유기적인 협력적 연계체계가 마련되어야 한다. 민간 성년후견센터 내에 성년후견전담판사를 비상근으로 배치하거나 혹은 성년후견제도 특별보좌관을 상시 배치하는 것도 고려해 보아야 한다. 이는 장애문제의 특수성 및 상황별 판단의 이해를 높이기 위하여 판사의 의결 시 장애인 전문가, 장애인 단체 혹은 장애인 부모단체 등에서 위촉된 특별보좌관이 자문 역할을 수행할 수 있게끔 할 수 있는 연계체제이다.

(3) 지방자치단체와 민간 '성년후견센터'의 긴밀한 연계체제 구축

각 시·도 또는 군·구청에서는 성년후견제도 관련 이용지원 사업을 직접 담당한다. 이 때, 우리나라의 현실상 가장 유용한 접근으로는 전문성과 투명성을 갖고 있는 민간 '성년후견센터'를 설립하여 위탁·운영하는 것이다. 이와 같은 '성년후견센터'는 성년후견인 양성과 보수교육을 담당할 수 있어야 한다.

일본의 경우 성년후견인의 전문성을 확보하기 위하여 1998년 오사카 변호사회가 노인·장애인 종합지원센터 '해바라기'를, 1999년 도쿄변호사회가 노인·장애인 종합지원센터 '오아시스'를, 사법서사회가 독일의 후견인협회와 캐나다의 공공후견인 사무소를 모델로 1999년 사단법인 성년후견센터 '리걸 서포트'를 설립하여 성년후견사무에 관한 공정한 업무

집행과 서비스 수준의 확보 등을 위해 여러 방안을 마련하고 있다.

이렇게 전문후견(감독)인의 양성과 관련하여 성년후견제도를 도입할 경우 그 제도가 성공적으로 정착하기 위해서는 소양 있는 전문후견인과 후견감독인의 양성과 공급이 무엇보다 중요하다. 후견인은 본인의 재산관리에 관한 법률적 사항 등에 익숙해야 한다는 점에서 후견사무에 요구되는 법률지식과 경험, 직업윤리를 갖춘 변호사와 법무사의 적극적인 역할이 필요하다. 따라서 일본의 사례와 같이 변호사회가 설립한 노인·장애인 종합지원센터 '해바라기'와 '오아시스'를 비롯하여 사법서사회 공익사단법인 성년후견센터 '리걸 서포트' 등을 통해 성년후견사무에 대한 공정한 업무집행과 서비스 수준의 확보 등을 조직적으로 대처하고 있는 것은 매우 의미 있다고 판단된다. 특히 이들의 활동을 통해 가정법원의 전문후견인 감독에 대한 부담을 경감시키고 있는 것으로 나타나고 있다.

'리걸 서포트'에서는 적격의 후견인을 추천하기 위해 인권, 복지의료, 후견사무, 윤리 등의 4가지 필수과목을 포함해 18학점 이상을 취득한 자를 후견인 후보자로 추천하고 있으며, 후견인이 된 이후에는 법무사들이 법률전문가로서의 전문성은 확보되었으나 의료·복지 관련 지식은 부족할 수 있으므로 연수를 통해 이를 보완하고 있다. 또한 '오아시스'의 경우 후견사무는 재산관리와 신상감호 업무를 주로 담당하고 있는데 변호사 고유의 업무인 재산관리에서는 전문성을 발휘하는 것이 가능하나 신상감호 업무는 사회복지 업무로서 생소한 분야이기도 하다. 따라서 별도로 사회복지 지식을 습득하면서 네트워크 구축을 위해 노력하고 있으며 강연과 상담활동 등을 통해 성년후견제도를 활발히 홍보하고 있다. 그리고 '해바라기'의 변호사들은 장애인 형사변호지원을 비롯하여 다양한 조사·연구 활동을 통해 《성년후견인의 실무》 매뉴얼을 발행하는 등 정보 제공 및 교류의 기회를 제공하고 있다.

또한 지역주민을 비롯해 다양한 사회복지 관계자들로 구성된 요코하마시 사회복지협의회가 설립한 '안심센터'의 경우 변호사와의 협력 및 사회복지 관련 기관과의 견고한 네트워크를 구축하여 독립성을 확보하며 운영되고 있다. 오사카시에서 설립한 '오사카 성년후견지원센터'에서는 시민후견인 양성을 지원하고 있으며, 도쿄 세타가야구에서는 성년후견센터를 설립하고 사회복지협의회에 위탁운영을 맡겨 시민후견인 양성연수를 진행하고 있다. 도쿄사회복지사회에서는 권리옹호센터 '파트너'를 설치하여 회원의 후견활동 지원과 성년후견제도에 관한 조사·연구 및 제안사업 등을 담당하고 있다. 이와 같은 일본의 사례는 우리나라의 '성년후견센터'가 지향해야 할 중요한 방향을 잘 말해주고 있다고 본다.

우리나라의 '성년후견센터'는 성년후견제 유관기관 네트워크를 구축해 나가게끔 해야 한다. 성년후견제도는 보건복지부, 법조계, 장애계, 노인계 등 유관기관과 단체가 많으면서 상호 중복 업무 발생 등에 따른 사전 및 사후 조율 필요성이 크므로 운영 성과와 문제점 등을 수시로 논의할 수 있는 유관기관 간의 인적 네트워크의 구축이 필요하다. 예를 들어 일본의 성년후견학회는 연 2회 정도의 성년후견제 유관기관 후견업무 책임자(실무자) 사이에 사례회의를 정기적으로 개최하고 있다. 이에 우리나라에서도 보다 원활한 성년후견제도의 정착을 위해서는 이러한 네트워크의 구축이 '성년후견센터'를 통해 이루어져야 할 필요가 있다.

2) 법인 양성의 활성화

성년후견제도의 성공적인 정착과 효율적인 운영을 위해서는 전문성과 공정성을 가진 법인이 설립되고 운영되어야 하며, 이를 지방자치단체 차원에서 적극 권장해야 한다고 본다. 왜냐하면 자연인에 비해 법인이 객관성이나 중립성을 유지하기 쉽고, 사회적으로도 공신력을 발휘할 수 있기 때문이다. 즉, 성년후견제의 공공성과 투명성을 강조한다면, 지방자치단체 차원에서 사회복지 관련 전문가 등이 참여할 수 있도록 '후견법인'에 대한 건전한 육성과 지원을 하도록 해야 할 것이다.

무엇보다도 전국적으로 후견 업무를 수행할 수 있는 법인의 확보가 전제되어야 한다. 우리나라의 경우 대략 50만 명이 이 제도를 이용할 것으로 추산되는데 이들에 대한 적절한 후견서비스가 이루어지지 않을 때는 또 다른 사회적 문제를 유발하게 될 것이다. 현재는 법인 형태의 후견이 가능하다고 규정(민법 제930조)되어 있을 뿐이며, 법인에 대한 설립 기준이나 결격 사유 등에 대해서는 전혀 규정이 없으므로 후속 조치가 빨리 이루어져야 할 것이다.

법인 형태의 후견과 관련해 미국의 경우 각 주의 제정법은 자연인을 후견인으로 할 것을 원칙으로 하고 있지만 예외적으로 후견인이 될 사람이 없는 자를 위하여 주 등의 공공기관(공후견)이나 비영리법인(비영리법인후견)이 보충적으로 후견인이 되어 활동할 수 있도록 하고 있다. 한편 일본에서는 후견법인의 자격에 대해 법률상 특별한 제한이 없어서 비영리법인이나 공익법인뿐만 아니라 신탁은행과 같은 영리법인도 후견인이 될 수 있다. 하지만 후견법인의 공익성에 비추어볼 때 제도시행 초기에는 비영리법인이나 공익법인으로 제한하여 국가의 관리감독 아래 투명하게 운영되도록 해 나가는 것이 중요하다.

또한 다양한 성격을 가진 법인들이 이 제도의 참여 여부를 결정하게끔 해야 한다. 피성년후견인에게 보다 친밀한 지역에서 간편하게 이용가능한 자원이 충분히 확보되는 것이 매우 바람직하겠지만 대도시를 제외한 지역에서 법인 후견에 직접적인 접근을 하기란 현실적으로는 쉽지 않으므로 우선은 각 전문가 직능단체의 지역협회나 이미 후견사업에 대한 경험이 있는 법인을 중심으로 네트워크를 결성하여 업무 지원을 하는 방안이 검토될 수 있을 것이다.

실제로 성년후견제도에서 후견인과 피성년후견인이 누적됨에 따라 가정법원의 역할이 크게 증가할 것이므로 후견업무에 대한 전반적인 부담이 커질 것이다. 이로 인한 가정법원의 한계가 나타날 수밖에 없을 것이며 이에 대하여 주요 분야에 대한 전문적 지식과 경험을 축적한 전문직의 법인후견을 통해서 이러한 어려움을 완화하고 해결해 나갈 필요가 있다.

3) 시민후견인 양성의 법적 · 제도적 장치 마련

제도 도입 초기에는 불가피하게 피성년후견인에 대한 지원의 가능성이 가족공동체가 될 비중이 클 것이다. 그러나 고령화 · 핵가족화가 심화되어 가는 추세임을 감안한다면 제3자의 성년후견인으로의 활용은 불가피할 것이다. 국제적으로 전 인구의 1%에 상당하는 사람들이 성년후견제도를 이용한다고 보면 우리나라의 경우 약 500여만 명이 이 제도를 이용할 것으로 보인다.

그런데 가족공동체가 후견인이 되는 경우가 많아지면 더 좋은 후견인을 얻을 가능성을 제한하는 것뿐만 아니라, 가족공동체 내부에 있어서의 경제적 문제나 학대 등 여러 가지 문제들을 내포하는 경우에는 적절한 후견지원을 받을 수 없게 될 수 있다. 이런 맥락에서 시민후견인(자원봉사 후견인) 양성의 법적 · 제도적 장치 마련이 적극 검토될 필요가 있다.

시민후견인제도는 사회복지사, 교육자, 변호사, 시민활동가 등과 같은 전문후견인이 아닌 자로서 시민후견인 후보 교육 · 양성기관에서 일정한 교육과정 이수 시 시민후견인의 자격이 주어진다. 시민후견인 후보가 교육과정을 모두 이수하게 되면, 그 중 자질이 있다고 판단되는 사람을 교육 · 양성기관의 책임자가 전문후견인 팀에 추천을 하게 되는데, 전문후견인팀은 각 지방자치단체로부터 피후견인의 수요자에 관하여 의뢰를 받고 잠재적 피후견인과 교육과정 이수자를 연결시키는 작업을 수행하게 된다.

이러한 시민후견인의 발굴 및 확산이 활발하게 이루어지게 되면 성년후견제도에 대한 지역사회의 관심을 높일 수 있으며 유능한 시민들에게 사회적으로 가치 있는 활동을 후견행위를 통해 수행하게끔 할 수 있다.

단, 시민후견인의 자격미달과 부정사례를 사전에 예방할 수 있는 제도적 장치에 대한 검토가 반드시 필요하며 동시에 성년후견인 교육 및 양성에 있어서 전문후견인과 일반후견인이라 할 수 있는 시민후견인은 구분되어 교육과 양성을 하는 것이 바람직하다고 본다. 특히 시민후견인을 위한 교육 프로그램의 내용은 법률과 사회복지를 아우르되 그 강도는 피교육자의 배경지식과 경험에 따라 탄력적으로 적용할 수 있어야 할 것이다.

4) 후견감독인제도의 활성화

후견감독인의 역할로서 후견인의 지원역할 강화를 위한 제도를 활성화하는 방안에 대한 검토가 필요하며 특히 가족후견인에 대한 감독 역할을 강화할 수 있는 방안 마련이 요구된다.

특히 가족후견인을 포함하여 후견인에 대한 저비용의 효율적인 감독이 이루어질 때 성년후견제도가 제대로 정착될 수 있을 것이다. 이런 취지에 가장 잘 부합하는 후견감독은 공공부문이 담당하는 것이 보다 적절할 것이다. 필요한 경우 기록을 열람할 권한을 가지거나, 개인정보에 접근할 수 있는 권한을 가지고, 또 피후견인에 대한 학대나 방임이 있을 경우 직권으로 조사하거나 검찰에 수사를 의뢰할 수 있는 권한을 가지는 것이 필요하기 때문이다. 그러나 현실적으로 볼 때 이런 역할을 민간부문에서는 적절하게 수행하기가 쉽지 않고 성년후견제도 시행 초기부터 일률적인 후견감독을 수행하기는 더욱 어려울 것이다.

프랑스의 경우 2009년 1월부터 시행된 민법에서 후견감독인제도를 본격적으로 도입하였다. 필요한 경우 법원 판사가 후견감독인을 선임하고 친족회가 구성되어 있는 경우 후견감독인의 선임권한은 친족회에 귀속하되, 법원이 최종적인 감독권한을 가진다. 이때 후견감독인은 대략 다음과 같은 세 가지 형태의 감독을 수행한다. 첫째, 후견인의 후견행위를 감독한다. 둘째, 재산관리에 적합한 배우자나 친척이 있는 경우 법정관리인에 임명되어 후견판사의 감독에 따르는 법정관리 업무를 수행한다. 셋째, 판사에게 특별 관리인의 재산관리 상황을 보고한다. 이와 같은 프랑스를 비롯한 해외 선험국의 사례를 벤치마킹하여 우리나라에서도 후견감독인제도를 적극적으로 활성화해 나가야 할 것이다.

4. 성년후견제도의 과제

성년후견제의 도입은 장애인뿐만 아니라, 치매노인 등 의사결정능력이 부족한 사람을 위한 국가 사회복지서비스이며, 어느 특정한 사람만을 위한 선별적 복지서비스가 아닌 보편적 복지제도이다. 이런 점에서 성년후견제는 성공적으로 운영되어야 한다고 본다. 무엇보다도 민관협력을 통해서 피성년후견인의 자기결정권이 확고하게 보장되게끔 제도가 시행되어야 할 것이다.

여기에서 중요한 관건은 이렇게 성년후견제가 보편적 서비스로 정착되기 위해서는 경제적 약자인 저소득층(복지 소외계층) 장애인 등에게 성년후견서비스를 이용할 수 있도록 경제적 부담을 덜어주어야 하며, 지원기준 결정 시에도 재산 정도뿐만 아니라 장애 정도를 고려한 세밀한 기준 설정이 요구된다는 데에 있다. 이러한 후견서비스의 기본원칙은 피후견인 중심의 서비스가 제공되어야 하며, 이 제도의 신설이 어느 특정 단체의 일자리 창출 등의 사회경제적 이익이 발생되는 데에 초점이 모아져서는 안 될 것이다. 동시에 앞으로 후견서비스를 이용하게 될 장애인부모 및 가족 그리고 대상 고령자들은 이 제도를 장애인활동지원서비스 및 노인장기요양서비스 등과 혼돈하여 생활상의 단순한 의사결정지원에 도움을 주는 제도로 인식해 과도한 서비스 수혜(예: 과도한 방문서비스를 제공받기를 기대하는 일 등)를 기대해서도 안 될 것이다.

이제 본격적으로 성년후견제가 우리 사회에 정착되기 위해서는 성년후견 담당 법원의 역할과 후견업무를 담당할 성년후견인의 양성과 공급이 중요한 과제일 것이다. 왜냐하면 후견인의 업무는 후견대상인의 재산관리에 관한 법률적인 사항뿐만 아니라 당사자 본인의 신상과 관련하여 고령자나 장애인의 신체적 · 정신적 특성, 각종 거주시설의 처우와 상황 그리고 이들이 이용 가능한 공공 및 민간 복지서비스의 내용 등이 관계되어 있기 때문이다. 따라서 성년후견제도가 성공적으로 운영되기 위해서는 성년후견인을 선발하고 교육하는 업무와 성년후견인을 지원하고 관리하기 위한 관리시스템의 기능과 역할에 대해서 진지하게 고민해야 할 것이다.

또한 성년후견제도는 각 지방자치단체의 지역별로 분화되어 시행이 예상되므로 정부와 지방자치단체 간의 다양한 방면에서 상호 협력과 재정적 지원 협력을 유도하는 실질적인 대처가 시급하다고 본다.

한국적인 상황에서는 민관협력이 자칫 관 주도로 흐를 가능성이 매우 높다. 그러므로 실질적인 민간의 역할과 능력을 끌어내기 위한 성년후견센터를 설립 · 운영하는 것은 민관협력을 성공적으로 수행하는데 있어서 가장 핵심적인 요체라 할 수 있다.

결론적으로 향후 성년후견인으로 활동하게 될 잠재적인 구성원인 국민들로 하여금 보다 쉽게 이해할 수 있도록 성년후견제도에 대한 적극적인 인식계몽과 홍보가 필요하다. 성년후견제도는 단순히 취약계층만을 위한 제도가 아니라 모든 국민의 권리와 인권을 보호하는 최소한의 제도라는 인식이 공유되고 확산되어야 한다. 이를 위해서도 성년후견센터와의 실제적인 연계협력은 중요하다.

WWW 참조하면 좋은 사이트

- 미국 법정 변호사협회 법률 및 노인위원회. "후견제법 및 실천".
  Commission on Law and Aging of the American Bar Association. "Guardianship Law & Practice".
  http://www.americanbar.org/groups/law_aging/resources/guardianship_law_practice.html#guardianshipjurisdiction
- 스위스 연합 연방제. "스위스 연합 안내".
  The Federal Authorities of the Swiss Confederation. "The Swiss Confederation a brief guide".
  http://www.admin.ch/dokumentation/00104/index.html?lang=en
- 유럽 인크루션. "독인 후견제법 발행에 대한 영어 가이드".
  Inclusion Europe. "English speaking guide on German guardianship law published".
  http://www.e-include.eu/en/news/753-english-speaking-guide-on-german-migration-law-published

WWW 참조하면 좋은 사이트

- 일본 규슈대학교 일본 법 투명도 프로젝트. "국제 재화 및 용역".
  Transparency of Japanese Law Project of the Kyushu University. "International Goods and Services Law".
  http://www.tomeika.jur.kyushu-u.ac.jp/transactionlegislation.html
- 일본 도쿄변호사회 노인・장애인 종합지원센터. "오아시스".
  http://www.horitsu-sodan.jp/s_center/oasis.html
- 일본 도쿄사회복지사회 권리옹호센터. "파트너".
  http://www.tokyo-csw.org/fs_tominn/seinen.html
- 일본 사법서사회 공익사단법인 성년후견센터. "리걸 서포트".
  http://www.legal-support.or.jp
- 호주 공공변호청. "행정 및 후견제".
  Office of The Public Advocate. "Administartion & Guardianship".
  http://www.publicadvocate.vic.gov.au/administration-&-guardianship

제9장

지역사회재활시설

「장애인복지법」 제58조에 의하면, 장애인 지역사회재활시설은 장애인을 전문적으로 상담 · 치료 · 훈련하거나 장애인의 일상생활, 여가 활동과 사회참여 활동 등을 지원하는 시설로, 장애인복지관 · 장애인 주간보호시설 · 체육시설 · 수련시설 및 장애인 생활이동지원센터 등이 있다. 장애인 지역사회재활시설이 등장하게 된 시점은 탈시설화(deinstitutionalization)가 장애인복지의 주요한 실천원리로 등장하게 된 것과 관련이 있다. 즉 기존에 거주시설 중심의 장애인재활에 머물러 있던 것을 넘어, 지역사회를 중심으로 한 장애인재활(community based rehabilitation)이 더욱 확대되어, 장애인의 보편화와 사회통합이라는 장애인복지의 이념을 추구하는 것이 필요하다는 인식하에, 장애인 지역사회재활시설의 운영이 활발해진 것이다.

〈표 9-1〉 장애인 지역사회재활시설의 종류 및 기능

종류	주요 기능
장애인복지관	• 장애인의 지역사회생활에 필요한 종합적인 재활서비스를 제공하고 장애에 대한 사회적 인식 개선사업을 수행
장애인 주간보호시설	• 장애인을 주간에 일시 보호하여 서비스를 제공
장애인 체육시설	• 장애인의 체력증진 또는 신체기능 회복활동을 지원
장애인 수련시설	• 장애인의 문화 · 취미 · 오락활동 등을 통한 심신수련을 조장 · 지원
장애인 생활이동지원센터	• 이동에 상당한 제약이 있는 장애인에게 차량 운행을 통한 이동서비스 제공
수화통역센터	• 청각 · 언어장애인에게 수어통역 및 상담서비스 제공
점자도서관	• 시각장애인에게 점자간행물 및 녹음서 열람 서비스 제공
점자도서 및 녹음서 출판시설	• 점자간행물 및 녹음서 출판

장애인 지역사회재활시설의 현황을 살펴보면, 2016년을 기준으로 우리나라에는 총 1,248개의 지역사회재활시설이 있으며, 이중 주간보호시설이 652개소로 가장 많고, 다음으로 장애인복지관 224개소, 수화통역센터 193개소, 장애인 생활이동지원센터(장애인생활지원센터) 156개소의 순으로 나타나고 있다.

〈표 9-2〉 2012~2015년간 장애인 지역사회재활시설 현황

구분	2012	2013	2014	2015
계	1,140	1,184	1,213	1,248
복지관	205	219	223	224
주간보호시설	526	558	592	625
의료재활시설	0	18	18	18
단기보호시설	0	0	0	0
공동생활가정	0	0	0	0
체육관	28	29	29	30
장애인 생활이동지원센터 (장애인생활지원센터)	156	155	156	156
수화통역센터	191	199	193	193
수련시설	0	0	0	0
점자도서관	30	23	19	19
점자 및 출판시설	40	1	1	1

출처: 보건복지부 (2016b).

지역사회재활시설은 재가장애인 및 장애인가족의 복지 향상을 위해 양적 · 질적으로 보다 확대 · 성숙될 필요가 있으며, 거주시설 이용 장애인에게 효과적인 서비스를 제공하기 위해서 장애인 거주시설과의 밀접한

연계 역시 보다 활발하게 이루어질 필요가 있다. 본 장에서는 지역사회 재활시설 각각에 대해 구체적인 운영 내용을 살펴보고자 한다.

1. 장애인복지관

1) 개요

장애인복지관은 지역사회의 장애인을 주요 대상으로 설정하여, 장애인의 심리적 · 사회적 지원, 직업재활, 특수교육, 보건의료 등의 통합적인 서비스를 제공하는 장애인복지 시설이다. 이는 곧 시설보호에 의존하던 과거의 장애인복지의 한계를 극복하고, 지역사회를 중심으로 한 재활을 실천하는 데 중요한 의미를 갖고 있다고 할 수 있다.

보건복지부(2016c)에서 제시하고 있는 장애인복지관 운영의 주요 기본 방침은 첫째, 복지관의 수행사업은 어떠한 경우에도 정치활동, 영리활동 및 특정 종교활동 등으로 이용할 수 없으며, 인도주의적 원칙하에 이를 이용하는 장애인의 인간적 존엄성과 기본권이 유지되도록 조치함, 둘째, 복지관의 종사자는 「사회복지사업법」 제5조[16]에 의하여 그 복지업무를 행함에 있어서 장애인복지를 필요로 하는 사람을 위하여 차별 없이 최대로 수행함, 셋째, 복지관은 이용 장애인에 대한 서비스는 물론 장애발생 예방과 지역 장애인 문제의 조사, 연구 등 장애인복지가 종합적으로 향상되도록 하여야 하며, 이를 위해 각 복지관에서는 장애인의 날(매년 4월 20일) 전 · 후 1주간을 '장애발생예방주간 및 인식개선 주간'으로 정하여 지

16) 사회복지사업법 제5조(최대봉사의 원칙)에는 "복지업무에 종사하는 사람은 그 업무를 행함에 있어서 사회복지를 필요로 하는 사람을 위하여 차별 없이 최대로 봉사하여야 한다"라고 규정되어 있다.

역주민, 학생, 직장인 등을 대상으로 장애발생예방 및 인식개선 프로그램을 실시, 넷째, 복지관은 지역장애인 등의 다양한 복지욕구를 해소하기 위하여 자원봉사자 활용, 지역 내 복지자원의 동원 등 당해 지역사회의 자원을 개발 · 활용, 다섯째, 복지관은 지역 장애인복지의 증진효과와 투입재원 및 수행사업의 적정성, 효율성 등을 지속적으로 평가하고 이를 활용, 발전적 운영 개선방안을 강구, 여섯째, 복지관은 운영 및 사업수행에 있어 지역장애인의 의사와 선택권을 존중하고 이를 사업에 적극 반영하는 것 등이다.

장애인복지관은 장애인의 지역사회재활에 관련된 여러 가지 사업을 종합적으로 수행할 수 있는 기관이므로, 한 지역 내에 장애인복지시설이 충분히 설치되어 있지 않을 경우, 다른 장애인 지역재활시설 중 가장 우선적으로 설치를 고려해야 할 필요가 있다.

2) 장애인복지관 주요 사업

장애인복지관은 지역사회 장애인의 복지증진을 위해 종합적인 재활서비스를 제공하는 장애인복지센터로서의 기능과 역할을 충실히 수행할 수 있도록 〈표 9-3〉과 같은 사업 예시를 참고하여, 상담사례관리, 기능강화지원, 장애인가족지원, 역량강화 및 권익옹호 지원, 직업지원, 지역사회네트워크, 문화여가지원, 사회서비스지원, 운영지원 및 기획 · 홍보 등을 선정하여 수행하고 있다(보건복지부, 2016c).

〈표 9-3〉 장애인복지관 사업 예시

대분류	중분류	주요 사업 예시
기능강화 지원	운동 · 지각 향상	• 운동발달(물리치료) • 작업활동(작업치료) • 다감각촉진활동(심리안정치료, 심리이완치료, 심리안정 반응촉진치료 등) • 수중운동 • 감각통합활동
	의사소통 향상	• 언어활동(언어치료)
	학습능력 향상	• 특수교육
	사회적응력 향상	• 심리운동 • 특수체육 • 음악활동(음악치료) • 미술활동(미술치료) • 놀이활동(놀이치료)
	기타	• 기타
장애인 가족지원	상담 및 교육	• 가족지원 전문상담 • 정보제공 • 가족교육
	가족기능강화	• 가족 휴식지원 • 가족조력교실 • 중도장애인 가족지원 • 가족 역량강화지원(부모역할, 부부관계지원, 비장애형제 지원, 부모모임 지원 등)
	양육지원	• 가족 돌봄지원 • 케어서비스(주간 및 단기보호) • 방과후 교실 • 방학 프로그램 • 야간 및 주말 프로그램 • 가족단위 문화프로그램
	여성장애인 복지증진	• 여성장애인 상담실 및 쉼터운영 • 여성장애인 임신 · 출산 · 양육 · 가사보조활동 지원

대분류	중분류	주요 사업 예시
		• 여성장애인 결혼 주선 등
	장애인 무료급식	• 결식우려 장애인 무료급식소(식당) 운영 • 거동불편 저소득 재가장애인 식사배달 등
	기타	• 기타
역량강화 및 권익옹호 지원	역량강화 및 지역사회참여 활동지원	• 동료상담 • 자조모임 육성 • 동아리활동 지원 • 주거서비스 • 이동지원서비스 • 보조기구 관리, 수리, 임대
	권익옹호	• 장애인차별금지법 준수 운동 • 권리침해 해소 • 인권옹호 • 법률적인 지원
	정보제공	• 장애인정보화교육 등 정보화지원 • 시각장애인 도서(시청각자료 등) 제작 · 출판 · 보급 · 대여, ARS운영, BBS운영
	수어관련	• 수어교실 • 수어통역 봉사원 양성 및 파견 • 수어자막 및 비디오 등 영상물 제작 · 보급 · 대여 등
	기타	• 기타
직업지원	직업상담 및 평가	• 직업상담 • 직업평가 • 구인 및 구직상담
	전환교육	• 전환교육 • 중등/고등 직업준비프로그램
	직업적응 및 역량개발훈련	• 직업적응훈련 • 직업훈련 • 취업알선(지원고용 등) • 현장훈련 • 취업 후 지도

대분류	중분류	주요 사업 예시
	사업체 개발 및 관리	• 사업체 개발 • 사업체 관리
	기타	• 기타
지역사회 네트워크	지역사회장애인 복지 서비스 개발 및 지원	• 지역유관기관 장애인복지서비스 자문 • 장애인서비스 개발 컨설팅
	지역의 사회통합환경 조성	• 장애인 및 장애인가족에 대한 인식개선 • 장애발생예방 캠페인 • 지역사회통합 환경 진단 및 계획수립
	주민조직 지원	• 주민조직체 형성 및 교육 • 지역행사 및 정보제공
	민관협력 네트워크 구축	• 지역사회복지협의체 활동 • 각종 지역위원회 활동 • 지역사회 장애인 중심기관 역할
	지역자원 개발 및 관리	• 자원봉사자 발굴, 교육, 활동, 관리 • 후원자 개발 및 관리
	기타	• 기타
문화여가 지원	문화 및 스포츠 지원	• 스포츠 프로그램 • 문화여가 프로그램 • 문화예술인 및 스포츠선수 육성 • 체육관 및 수영장 운영
	평생교육	• 평생교육 • 취미활동 지원
	정보접근 지원	• 정보화교육
	기타	• 기타
사회서비스 지원	장애인 활동지원	• 활동보조 • 방문간호 • 방문목욕
	장애아동 재활치료	• 언어 · 청능치료 • 미술 · 음악치료 • 행동 · 놀이 · 심리운동치료

대분류	중분류	주요 사업 예시
		• 기타 재활서비스 • 장애조기발견 및 발달진단서비스 • 중재를 위한 부모 상담 서비스
	기타	• 기타
운영지원 및 기획 · 홍보	총무	• 인사 및 조직관리 • 각종위원회 운영 • 회계 및 문서관리 • 시설 및 차량관리 • 식당운영
	기획	• 사업계획 수립 및 평가 • 조사연구사업 • 직원개발사업 • 실습지도
	홍보	• 홍보물제작 • 지역홍보 • 온라인 홍보 및 홈페이지 운영 • 견학안내
	고객만족 윤리경영	• 이용자 참여 • 고객만족사업 • 윤리경영
	기타	• 기타

출처: 보건복지부 (2016c). 재구성.

3) 장애인복지관 사업 운영 방향

장애인복지관의 사업은 관내 등록장애인 중 연령별 대비, 장애유형별 인원, 생활정도, 직업종사 유형, 관내 지역 경제기반, 관내 장애인복지에 대한 지역사회의 인식도, 장애인가족 및 자원 봉사자의 참여도 등을 적극 참고하여 이에 부합하는 사업계획을 수립하여 추진하고, 장애인복지와 관련된 행정기관 및 시설·단체 등과 긴밀한 협력체계를 구축하여 사업 수행의 효과성을 극대화하는 것이 요구된다(보건복지부, 2016c).

장애인복지관은 그 수가 꾸준히 늘고 있음에도 불구하고 여전히 수요에 비해 그 수가 부족한 실정이다. 지역별로 농어촌이나 산간벽지 등에 장애인복지관 분관을 설치하여 운영하고 있으나 실질적으로 지역의 장애인들에게 전문적 서비스를 제공하는 것에는 한계가 있다(한국장애인개발원, 2010). 따라서 정부와 지자체는 종합적인 장애인복지서비스를 제공할 수 있는 장애인복지관의 설립을 보다 적극적으로 고려할 필요가 있다.

www 참조하면 좋은 사이트

- 한국장애인복지관협회
  http://www.hinet.or.kr
- 서울시립장애인종합복지관
  http://www.seoulrehab.or.kr
- 한국장애인복지시설협회
  http://www.kawid.or.kr

2. 장애인 주간보호시설

1) 개요

장애인은 자신의 제반 활동에 있어서 비장애인에 비해 타인의 지원이 필요한 정도가 높다. 그리고 이러한 도움은 전통적으로 가정을 통해서 이루어져 왔다. 하지만 핵가족화와 여성의 노동시장진출이 증대되면서 가족 내에서 장애인에 대한 부담이 증가하게 되고, 이에 따른 가족 구성원 및 장애인당사자의 심리적·사회적 문제가 대두되게 되어, 장애인에 대한 사회적 보호를 담당하는 시설을 필요로 하게 되었다.

이러한 상황하에 장애인 주간보호시설은 가족구성원, 특히 부모의 항시보호와 양육부담 경감을 통한 부모의 심리적 향상과 경제력 향상을 돕는 프로그램으로 가족이나 보호자의 도움을 받지 않으면 일상생활을 영위할 수 없는 재가장애인이나 이용시설에서 보조장비와 전문인력을 활용하여 보호에 필요한 서비스를 제공하기 위한 시설을 의미한다(박신구, 2000). 보건복지부(2016c)에서 제시하고 있는 장애인 주간보호시설 운영의 목적 역시, 일상생활 및 사회생활을 영위하는데 지원이 필요한 장애인에게 낮 시간동안 재활 프로그램 및 교육 등의 기회를 제공하고 장애인 가족구성원이 안심하고 사회·경제활동을 영위할 수 있도록 장애인 주간보호시설의 운영에 필요한 사항을 정하는 것으로 설정되어 있다.

장애인 주간보호시설은 장애인 거주시설, 장애인복지관 등과는 분리하여 단독시설로서 운영되어야 하며, 장애인 주간보호시설이 법인 또는 타 복지시설과 복합으로 설치되어 있는 경우에도 인사·회계는 별도 시설로 유지되어야 한다(보건복지부, 2016c). 그럼에도 불구하고 국내에서 장애인 주간보호시설의 도입기간이 비교적 짧아 관련법규와 설치 지침 등은 아직 미비한 실정이다. 현재 「장애인복지법」과 「장애인·노인·임산부 등의 편의증진보장에 관한 법률」에 장애인 주간보호시설에 대한 관련 규정이 명시되어 있지만 장애인 주간보호시설 기능이 비슷한 장애인 복지관과 비교하면 기능이나 추가설비에서 뚜렷한 차이점이 없으며 운영기준이나 재활사업, 편의시설 등 지침은 공통사항으로 규정되어 있다(강병근 외, 2009). 이는 향후 장애인 주간보호시설의 특성에 부합하는 별도의 기준이 보다 체계적 · 구체적으로 마련되어야 할 필요가 있음을 시사한다.

2) 장애인 주간보호시설 수행사업

주간보호시설의 이용자 선정은 장애인 이용자의 신청을 원칙으로 하고, 이용자가 많을 경우에는 자체 심의를 거치되, 「국민기초생활보장법」에 의한 국민기초생활보장대상수급자를 우선적으로 배려해야 한다. 또한 1개 보호시설당 보호 대상 실인원은 최소 10인으로 운영되어야 한다.

주간보호시설의 수행사업을 살펴보면(보건복지부, 2016c), 첫째, 재활치료사업은 물리치료, 작업치료 및 일상생활훈련 등을 통해 자립생활능력을 배양하는 것이고, 둘째, 여행 · 견학 및 취미생활 지원은 단조로운 보호시간에 변화를 주고 새로운 환경과 정보를 접할 수 있도록 여행 및 견학 등을 실시하고 취미생활 및 정서함양을 통한 자기발전을 도모하는 것이며, 셋째, 교육지도는 일상생활에 필요한 언어 · 인지 및 사회 등을 교육하는 것이고, 넷째, 자원봉사자 개발 및 실습생 교육지도는 보호시설에서 활용할 수 있는 자원봉사자를 발굴 · 양성하고 장애인에 대한 이해와 가정에서 필요한 각종 재활교육을 실시하는 것이며, 다섯째, 기타 자원봉사자들을 통한 목욕 및 이 · 미용 서비스를 제공 및 중식 및 간식 제공 등도 실시하고 있다.

〈표 9-4〉 장애인 주간보호시설 수행사업

사업 구분	세부내용
재활치료사업	물리치료, 작업치료 및 일상생활훈련 등을 통해 자립생활능력을 배양
여행 · 견학 및 취미생활 지원	단조로운 보호시간에 변화를 주고 새로운 환경과 정보를 접할 수 있도록 여행 및 견학 등을 실시하고 취미생활 및 정서함양을 통한 자기발전을 도모
교육지도	일상생활에 필요한 언어 · 인지 및 사회 등을 교육
자원봉사자 개발 및 실습생 교육지도	보호시설에서 활용할 수 있는 자원봉사자를 발굴 · 양성하고 장애인에 대한 이해와 가정에서 필요한 각종 재활 교육실시
기타	자원봉사자들을 통한 목욕 및 이 · 미용 서비스를 제공하고 중식 및 간식을 제공

출처: 보건복지부 (2016c). 재구성.

3) 장애인 주간보호시설 이용 및 종사자 관련 사항

주간보호시설 이용시간 및 기간은 평일 오전 9시부터 오후 6시까지이며, 여기서 차량운행 시간은 별도로 하되, 보호자의 요청과 시설 운영규정 내에서 연장 이용이 가능하다.

주간보호의 이용료를 살펴보면, 이용료 수납 대상은 모든 이용자(국민기초생활보장대상수급자 포함)로 하되, 국민기초생활보장대상수급자 또는 차상위 대상자 등의 경우에는 시설 자체 운영규정에 따라 일부 징수 및 징수하지 않을 수 있다.

주간보호시설의 종사자 기준은 시설장, 사회재활교사, 기능직으로 나누어 살펴볼 수 있으며, 인력배치 시 지방자치단체의 장은 주간보호시설 이용 장애인의 욕구 및 장애 특성을 고려하여 추가인력을 배치하도록 노력하여야 하고, 직원의 교육 연수 출장 및 출산 등 업무지원에 필요한 대체인력 또는 대체 인건비를 지원할 수 있다.

〈표 9-5〉 주간보호시설의 종사자 배치기준

직종별	배치기준	비 고
시설장	1명	• 시설장은 상근을 원칙으로 한다(단, 시설운영 현황에 따라 타시설과 겸임할 수 있다).
사회재활교사	3명	• 이용장애인 4인당 1인 배치
기능직	1인	• 시설운영에 필요한 기능직 1인(단, 다른 직종이 겸직하는 경우 사회재활교사로 대체 배치 가능)

출처: 보건복지부 (2016c). 재구성.

향후 장애인 주간보호시설은 시설 이용에 가장 기본이 되는 접근성 향상과 안전성 확보에 더욱 유의해야 하며, 시설 이용자의 쾌적한 활동이 보장되어야 하고, 지역사회통합 및 복지시설의 연계성확보가 이루어질 필요가 있다(강병근 외, 2009). 또한 이용장애인 및 가족의 욕구를 과학적으로 파악하여 프로그램의 전문성을 보다 강화할 필요가 있다.

WWW 참조하면 좋은 사이트

- 구세군장애인주간보호시설
  http://blog.naver.com/kuseakunday.do
- 고양시장애인주간보호센터
  http://www.gydcc.or.kr
- 한국장애인복지시설협회
  http://www.kawid.or.kr

3. 장애인 생활이동지원센터

1) 개요

장애인에게 이동권은 중요한 의미를 갖고 있다. 즉 이동권의 확보를 통해 장애인이 사회에 의존하지 않고 독립적인 구성원으로 살아가게 하여 장애인 본인에게는 인간적인 삶을 영위할 수 있으며, 사회적으로는 장애인 부양에 투입되는 비용을 최소화해 줄 수 있는 재활서비스에 접근이 용이할 수 있도록 도울 수 있다(이선우, 2009). 이러한 이동권 보장을 위한 중요한 정책 중 하나가 장애인 생활이동지원센터 운영이다. 본 센터는 과거 장애인생활지원센터라는 이름으로 운영되었던 것이 변경된 것으로, 이동에 상당한 제약이 있는 장애인에게 차량운행을 통한 직장 출·퇴근 및 외출보조나 기타 이동서비스를 제공하는 시설을 말한다. 즉, 장애인의 이동권 보장과 사회적 재활을 효과적으로 도모하기 위한 서비스를 제공하기 위한 목적으로 운영되고 있다.

장애인 생활이동지원센터가 최초로 설치된 시기는 1984년으로 한국맹인복지협회(현 한국시각장애인연합회)가 보건사회부로부터 사회복지기금 일부를 운영비로 지원받아 서울 지역에서 차량 1대로 시작한 것이 그 기원이 되었다. 그 이후 부족한 운영비의 증액과 운행차량의 증차 및 확대에 대한 필요성을 보건사회부 당국에 주장하여 1987년에는 서울에 이어 부산에도 1대가 증차되고 이후 1991년에는 대구, 인천, 광주, 대전, 강원도에 1대씩 증차되었다. 이때부터 운영비지원은 보건사회부가 50%, 해당 지자체가 50%를 부담하기 시작함으로써 센터의 운영비가 대폭 증액되기 시작하였다(송임숙, 2005).

본 센터의 운영주체는 사단법인 한국시각장애인연합회 및 연합회 시 · 도지부, 시 · 군 · 구 지회, 또는 동 단체가 사업을 수행할 수 없는 불가피한 사유가 있는 경우에는 자치단체장이 따로 정한 기관이 된다(보건복지부, 2016c).

2) 장애인 생활이동지원센터 사업 내용

장애인 생활이동지원센터의 이용 대상은 센터가 소재한 지역의 「장애인복지법」에 의한 등록장애인을 우선으로 하되, 인근 지역 장애인의 요청이 있는 경우 센터 업무의 특별한 사정이 없는 한 이용할 수 있도록 지원한다. 단, 지자체의 실정에 따라 이용 장애인의 유형과 등급을 제한할 수 있으며, 현재는 대부분의 지자체에서 시각장애인, 지체장애인 등을 주 이용 대상자로 설정하고 있다(보건복지부, 2016c).

장애인 생활이동지원센터의 사업 내용을 살펴보면, 이동에 제약이 있는 장애인에게 차량운행을 통하여 민원업무 보조, 직장 출 · 퇴근, 시장보기, 외출보조 및 병원 이용보조 등 각종 이동서비스 및 안내 보조 등을 들 수 있다.

센터의 조직은 한국시각장애인연합회 중앙회에 설치된 '중앙센터'와 실제 센터의 업무를 수행 중인 연합회 각 시 · 도지부에 설치된 '지방센터'로 구성이 되는데, 중앙센터의 경우 사업의 기획 및 평가, 지방센터에 대한 자체 관리 · 감독, 센터의 운영규정, 차량관리규정 등 각종 내부 규정 제정 및 개폐, 사업실적 관리 등의 업무를, 지방센터의 경우 센터사업의 수행, 사업실적 및 보고 등의 업무를 수행한다.

지방센터의 개소당 인력은 센터를 대표하고 사무를 총괄하는 센터장

1인, 센터의 조직과 인사, 재무회계 등 사무 전반에 관한 사항을 담당하는 사무원 1인, 이용자의 예약 접수 및 차량배차 전반에 관한 사항을 맡는 배차원 1인, 차량운행을 통한 이동서비스를 제공하는 운전원 3인 등 6인으로 구성된다. 이 때, 1개소 당 6인을 2개소로 분리운영(3인)도 가능하며 자체수입으로 증원할 수 있다. 센터의 운영비는 지방비로 책정되며, 자체수입(이용료, 후원금, 법인 전입금 등)을 통해서도 충당할 수 있다(보건복지부, 2016c).

3) 장애인 생활이동지원센터 운영지침 및 개선방안

장애인 생활이동지원센터의 기본운영 지침(보건복지부, 2016c)을 살펴보면, 첫째, 센터는 「장애인복지법」에 의한 장애인 지역사회재활시설이므로 소유와 경영분리의 원칙에 따라 센터의 운영은 운영주체인 연합회 및 시・도지부의 운영 체계와는 엄격하게 분리하고, 둘째, 재무회계도 독립채산제에 의하여 운용되어 재무회계관리에 있어서는 공통지침상의 장부를 비치하고 차량운행 및 유지관리에 관한 차량운행일지 및 이용예약관계일지 등은 상시 기록하여 비치되어야 하며, 셋째, 사업의 특성상 차량관리규정 등 자체운영 규정을 마련하여 운용하고, 운전원은 안전운행 및 이용승객의 안전보호에 각별히 유의해야 한다.

향후 보다 나은 장애인 생활이동지원센터 운영을 위해서는 현재 시각장애인에게 집중되어 있는 이용 대상층을 다변화하고 이를 위한 홍보 등을 강화할 필요가 있다. 비록 위탁운영주체가 한국시각장애인인연합회라고는 하나 서비스 제공 범위를 지체장애인 및 기타 거동불편 장애인으로 보다 확대할 필요가 있으며, 차량개조 등을 통해 다양한 장애인에게 서비스가 제공될 수 있도록 해야 한다. 또한 장애인 생활이동지원센터 이용을 위한 선착순 예약제에서, 서비스 대상 우선순위 결정에 장애종류 및 정도, 소득수준, 이용목적 등을 반영한 방법으로 전환하는 것을 고려해야 할 것이다. 또한 장애인콜택시, 기타 장애인복지기관과의 네트워크 강화를 통해 서비스접근성을 향상시키는 것 역시 중요한 과제가 된다(송임숙, 2005).

www 참조하면 좋은 사이트

- 한국시각장애인연합회
  http://www.kbuseoul.org
- 충북시각장애인복지연합회
  http://www.blind.or.kr
- 경북시각장애인연합회
  http://www.whitestick.or.kr

4. 수화통역센터17)

1) 개요

대부분의 청각장애인은 학령기 이전부터 체계적인 교육을 받을 수 없는 경우가 많기 때문에 건청인(健聽人)에 비해 지식 및 일반상식의 습득

17) 2016년 8월 4일 「한국수화언어법」이 시행되면서 농인의 언어인 '수화'가 국어와 동등한 자격을 가진 언어로 공포되었다. 이에 「장애인복지법」을 비롯한 관련 법령 등에서 '수화'는 '한국수어'로, '수화통역'은 '한국수어 통역'으로, '수화통역사'는 '한국수어 통역사'로 용어를 변경하도록 하였으나 '수화통역센터'의 경우 공식적인 변경이 이루어지지 않아 기존 명칭을 그대로 사용하였음을 밝힌다.

이 어려우며, 수화라는 특별한 언어를 사용하면서 '시각문화'라고 할 수 있는 청각장애인 고유의 문화를 형성하고 있다(김연신, 2011). 따라서 청각장애인과 비장애인 간의 원활한 의사소통을 위해서는 전문적인 통역을 지원할 수 있는 정책이 필요하다. 이를 위해 수화통역센터는 의사소통에 지장이 있는 청각 · 언어장애인에 대한 한국수어 통역 및 상담서비스를 제공하는 시설로 운영되고 있다.

수화통역센터의 사업주체는 사단법인 한국농아인협회이며, 협회의 중앙회에 수화통역센터 중앙지원본부를, 시 · 도협회에 수화통역센터 지역지원본부를 두며, 시 · 군 · 구 지부에 수화통역센터를 둔다. 단, 동 단체가 사업을 수행할 수 없는 불가피한 사유가 있는 경우에는 자치단체장이 따로 정할 수 있으며, 신규센터 개소에 따른 소재지 지정은 해당 시 · 도지사가 협회 시 · 도협회와 협의하여 지정하고, 그 결과를 중앙회에 즉시 보고하여야 한다(보건복지부, 2016c).

수화통역센터의 기본운영 지침은 전술한 장애인 생활이동지원센터와 유사하다. 이를 살펴보면(보건복지부, 2016c), 첫째, 센터는 「장애인복지법」에 의한 장애인 지역사회재활시설이므로 소유와 경영분리의 원칙에 따라 센터의 운영은 운영주체인 한국농아연합회 및 시 · 도 지부의 운영 체계와는 엄격하게 분리하고, 둘째, 재무회계도 독립채산제에 의하여 운용되어 재무회계관리에 있어서는 공통지침상의 장부를 비치하고 차량운행 및 유지관리에 관한 차량운행일지 및 수어통역 관계일지 등은 상시 기록하여 비치되어야 하며, 셋째, 사업의 특성상 수어통역업무처리규정 등 자체 운영 규정을 마련하여 운용하고, 수어통역사는 청각 · 언어장애인의 원활한 의사소통을 위하여 각별히 노력해야 한다.

2) 수화통역센터의 사업 내용

수화통역센터는 「장애인복지법」 제32조에 의거 센터가 소재한 지역의 등록 청각 · 언어장애인을 우선으로 하되, 센터 소재지 외의 인근 지역 등록 청각 · 언어장애인, 청각 · 언어장애 민원인과 업무적으로 의사소통을 할 필요가 있는 관내 주요 관공서, 기타 청각 · 언어장애인과 의사소통이 필요한 일반 개인 등으로부터 요청이 있는 경우 특별한 사정이 없는 한 이용할 수 있도록 지원해야 한다(보건복지부, 2016c).

수화통역센터의 사업 내용을 살펴보면, 첫째, 청각 · 언어장애인에 대한 개별상담(접수, 의료, 직업, 일반상담) 및 사후관리, 둘째, 출장 수어통역서비스(법률 · 취업 · 관공서 이용 등 각종 민원해결, 가족문제 상담, 심리적 부적응 상담), 셋째, 기타 예산의 범위 내에서 수어교육 및 보급사업 및 청각 · 언어장애인의 복지증진을 위한 사업 등이 있다(보건복지부, 2016c).

센터의 조직은 중앙회에 '수화통역센터 중앙지원본부'와 각 시 · 도 협회에 '수화통역센터 지역지원본부'를 두고, 실제 센터의 업무를 수행 중인 시 · 도 협회 및 시 · 군 · 구 지부에 '수화통역센터'를 두어 구성되며, 수화통역센터 중앙지원본부는 사업의 기획 및 평가, 지방센터에 대한 자체 관리 · 감독, 센터의 운영규정, 차량관리규정 등 각종 내부 규정 제정 및 개폐, 센터(지방센터)의 사업실적 관리 등을, 수화통역센터 지역지원본부는 센터사업의 수행, 사업실적 및 보고 등을 수행하게 된다.

센터(지방센터)의 개소 당 인력은 센터를 대표하고 사무를 총괄하는 센터장 1인과 수어통역 서비스 제공 및 사무 전반에 관한 사항을 담당하는 수어통역사 4인(청각장애인통역사 1인을 포함, 근무 경력에 따라 선임수어통역사 및 일반수어통역사로 둘 수 있음) 등 5명을 원칙으로 하되, 인원증원이 필요한 경우 지방비 및 자체수입으로 증원할 수 있다. 여기서 센터의 인력은 사업의 특성상, 협회에서 주관하는 '수어통역사' 및 '청각장애인통역사' 자격을 취득한 자의 배치를 원칙으로 하며, 자격 미취득자는 인사위원회의 의결에 따라 배치할 수 있다.

센터의 운영비 및 자격 및 보수기준을 살펴보면, 운영비는 지방비로 하되, 자체수입을 추가할 수 있고, 보수는 장애인 지역사회재활시설 직원 보수 지급기준에 의하여 지급되며, 센터는 소속 직원에게 예산의 범위 내에서 지역사회재활시설 직원 보수지급 기준에서 정한 수당 외에 별도로 매월 '수어통역수당'을 지급할 수 있다(보건복지부, 2016c).

3) 국가공인 한국수어 통역사 자격

수화통역센터의 주요한 인력 중 하나인 한국수어 통역사는 농인과 청인의 의사소통상황에서 메시지를 전달하는 중계자의 역할을 담당하며, 의미가 통하는 인습기호, 몸짓, 표지, 수어를 사용하여 생각과 감정을 소통하는 체계적인 의사소통 촉진자를 말하며, 국가공인 한국수어 통역사 시험은 청각장애인의 원활한 사회참여를 위해 필요한 의사소통의 기반을 조성하며, 의료, 복지, 법률, 교육, 사회, 문화 등의 전반에서 바른 권리를 행사하고 시민으로서의 균등한 기회를 갖게 하는 수어통역의 기본 이념을 바르게 구현하기 위하여 공인평가체제를 통하여 한국수어 통역인에 대한 전문자격을 인정하는 제도이다(한국농아인협회, 2013).

국가공인 한국수어 통역사 자격을 취득하기 위해서는 필기시험과 실시시험에 합격해야 한다. 먼저 필기시험의 응시자격은 대한민국 국적의 만 19세 이상인 자이며, 시험과목은 총 4과목으로 한국어의 이해, 장애인복지, 청각장애인의 이해, 수어통역의 기초 등으로, 합격기준은 전과목 평균 60점 이상, 각 과목당 40점 이상 득점하되, '한국어의 이해'와 '한국수어 통역의 기초'가 각각 60점 이상이어야 한다.

다음으로 실기시험은 당해 연도 필기시험 합격자 및 전년도 필기시험 합격자에게 응시자격이 주어지며, 시험과목은 필기통역, 수어통역, 음성통역 3과목으로, 합격기준은 전과목 평균 60점 이상, 각 과목당 40점 이상 득점하되, '음성통역'이 60점 이상이어야 한다.

국가공인 한국수어 통역사는 2006년부터 시행된 이래 2016년까지 총 1,486명이 배출되었으며, 청각장애인통역사의 경우 2004년부터 시행되어 2016년까지 총 588명이 배출되었다.

향후 수어통역사 제도의 발전을 위해서는 영역별 전문 수어통역사를 양성할 수 있는 양성기관 및 교육과정이 개설되어야 하고, 수어통역사 자격증이 각 전문 통역영역별로 세분화될 필요가 있다. 또한 수어통역사의 급여 등 처우가 개선되어야 하고, 수어통역사를 위한 연수 및 슈퍼비전 등이 강화되어야 할 것이다(김연신, 2011).

WWW 참조하면 좋은 사이트

- 국립국어원 한국수어사전
  http://sldict.korean.go.kr
- 한국농아인협회
  http://www.deafkorea.com
- 한국농아인협회 수어통역사 시험·교육
  http://slitt.deafkorea.com

제10장

장애인 거주시설

우리나라 「장애인복지법」 제58조에 의하면, 장애인 거주시설이란 거주공간을 활용하여 일반가정에서 생활하기 어려운 장애인에게 일정 기간 동안 거주 · 요양 · 지원 등의 서비스를 제공하는 동시에 지역사회생활을 지원하는 시설을 말한다. 장애인 거주시설을 이용하는 장애인은 가정이 없거나 가정 내에서 보호를 받기 힘든 경우에 해당한다. 장애인 거주시설은 이전까지는 '장애인생활시설'로 명명되었다. 하지만 장애인생활시설이라는 명칭은 시설 내에서 장애인의 생활이 이루어진다는 의미를 내포하고 있기 때문에, 장애인이 지역사회 내에서도 통합적인 생활을 영위한다는 장애인복지의 이념을 담아내는 데 한계로 작용할 수 있다는 주장(김용득, 2008)에 의해 최근 「장애인복지법」의 개정으로 그 명칭이 장애인 거주시설로 변경된 것이다.

〈표 10-1〉 장애인 거주시설의 종류 및 기능

종류	주요 기능
장애유형별 거주시설	장애유형이 같거나 유사한 장애를 가진 사람들을 이용하게 하여 그들의 장애유형에 적합한 주거지원 · 일상생활지원 · 지역사회생활지원 등의 서비스를 제공하는 시설
중증장애인 거주시설	장애의 정도가 심하여 항상 도움이 필요한 장애인에게 주거지원 · 일상생활지원 · 지역사회생활지원 · 요양서비스를 제공하는 시설
장애영유아 거주시설	6세 미만의 장애영유아를 보호하고 재활에 필요한 주거지원 · 일상생활지원 · 지역사회생활지원 · 요양서비스를 제공하는 시설
장애인 단기거주시설	보호자의 일시적 부재 등으로 도움이 필요한 장애인에게 단기간 주거서비스, 일상생활지원서비스, 지역사회생활서비스를 제공하는 시설
장애인 공동생활가정	장애인들이 스스로 사회에 적응하기 위하여 전문인력의 지도를 받으며 공동으로 생활하는 지역사회 내의 소규모 주거시설

우리나라의 법정 장애인 거주시설의 종류로는 장애유형별 거주시설, 중증장애인 거주시설, 장애영유아 거주시설, 장애인 단기거주시설, 장애인 공동생활가정 등이 있다. 본 장에서는 이들 각각에 대해 살펴보고자 한다.

1. 장애유형별 거주시설, 중증장애인 거주시설, 장애영유아 거주시설

1) 개요

장애인 거주시설은 일반적인 가정에서 생활하기 힘든 특수한 욕구나 필요가 있는 장애인이나, 가정상의 제반 이유로 인해 가정에서 보호를 받기 힘든 장애인들에게 거주의 장을 마련해 주고 각종 사회복지서비스를 제공해 주기 위한 목적으로 운영되고 있는 시설이다.

장애인 거주시설 운영의 기본이념(보건복지부, 2010c)을 살펴보면, 시설장 및 전 직원은 이용장애인의 보호, 재활 및 사회복귀에 최대의 노력을 경주하여야 하며, 시설 및 장애인이 정치활동, 영리활동 및 본인의 의사에 반한 특정 종교활동 등의 부당한 목적에 이용되지 않도록 하여야 하며, 정당하지 않은 이유로 입소 또는 통원을 거부하여서도 안 되고, 인도주의적 원칙하에 이를 이용하는 장애인의 인간적 존엄성과 기본적 권리가 항상 유지되도록 노력하여야 한다.

「장애인복지법」 제58조 제2항, 동법 시행규칙 제41조(별표4, 별표5)에 나타난 장애인 거주시설의 종류는 장애유형별 거주시설, 중증장애인 거주시설, 장애영유아 거주시설, 장애인 단기거주시설, 장애인 공동생활가정 등이 있으며, 이 중, 장애유형별 거주시설, 중증장애인 거주시설, 장애영유아 거주시설은 운영상에 있어 유사한 측면이 많다. 따라서 이 세 가지 시설을 동시에 살펴보도록 한다.

먼저 장애인 거주시설의 현황을 살펴보면, 2015년을 기준으로 총 1,484개소의 거주시설에 31,222명이 거주하고 있다. 이중 중증장애인시설과 지적장애인시설이 가장 많은 시설수와 정원을 차지하고 있음을 알 수 있다(국가지표체계, 2017).

〈표 10-2〉 장애인 거주시설 현황

구분		2009	2010	2011	2012	2013	2014	2015
소계	인원	23,243	24,395	25,345	30,640	31,152	31,406	31,222
	시설수	397	452	490	1,348	1,397	1,457	1,484
지체장애인	인원	2,230	3,673	2,102	2,057	1,978	2,208	1,668
시설	시설수	38	40	39	40	39	44	39
시각장애인	인원	760	873	787	786	770	632	628
시설	시설수	14	14	15	16	16	15	16
청각언어	인원	519	386	361	335	320	270	255
장애인시설	시설수	11	10	9	8	8	7	7
지적장애인	인원	9,539	14,338	10,788	11,748	12,001	12,136	12,369
시설	시설수	172	196	226	278	293	309	321
중증장애인	인원	9,728	4,813	10,798	11,006	11,412	11,344	11,314
요양시설	시설수	153	182	191	201	216	223	233
장애영유아	인원	467	312	509	510	473	466	541
시설	시설수	9	10	10	10	9	9	10
단기 거주시설	인원	-	-	-	1,438	1,432	1,495	1,548
	시설수	-	-	-	128	131	137	141
공동 생활가정	인원	-	-	-	2,760	2,766	2,855	2,899
	시설수	-	-	-	667	685	713	717

출처: 국가지표체계 (2017).

2) 장애인 거주시설의 정의 및 입소 대상

먼저 각 시설의 정의를 살펴보면, 첫째, 장애유형별 거주시설은 장애유형이 같거나 또는 유사한 장애를 가진 사람들을 입소 또는 통원하게 하여, 그들의 장애유형에 적합한 의료, 교육, 직업, 심리, 사회 등 재활서비스와 주거서비스를 제공하는 것으로, 지체 · 뇌병변장애인 거주시설, 시각장애인 거주시설, 청각 · 언어장애인 거주시설, 지적 · 자폐성장애인 거주시설이 있다. 둘째, 중증장애인 요양시설은 장애의 정도가 심하여 항상 도움이 필요한 사람을 입소하게 하여 상담 · 치료 또는 요양서비스를 제공하는 곳이고, 셋째, 장애영유아 거주시설은 6세 미만의 장애영유아를 입소 또는 통원하게 하여 보호함과 동시에 그 재활에 필요한 의료 · 교육 · 심리 · 사회 등 재활서비스를 제공하는 시설을 말한다.

장애인 거주시설 입소 대상 분류기준은 크게 두 가지로 나눌 수 있다. 첫째는 각 장애인 거주시설별로 대상 장애인이 달라지며, 둘째는 무료입소냐 실비입소냐에 따라 달라진다. 우선 장애인 거주시설별 대상 장애인은 장애유형별 거주시설은 각 장애유형이 되며, 중증장애인 거주시설은 1급과 2급의 중증장애인, 장애영유아 거주시설은 6세 미만의 장애영유아가 된다(보건복지부, 2016c).

〈표 10-3〉 장애인 거주시설별 입소 대상 장애인

대상 시설		시설별 대상 장애인(장애등급)
장애유형별 거주시설	지체 · 뇌병변장애인을 위한 시설	지체 · 뇌병변장애인(중복장애 포함)
	시각장애인을 위한 시설	시각장애인(중복장애 포함)
	청각 · 언어장애인을 위한 시설	청각 · 언어장애인(중복장애 포함)
	지적 · 자폐성장애인을 위한 시설	지적장애인(중복장애 포함)

중증장애인 거주시설	1급, 2급 중증장애인
장애영유아 거주시설	6세미만의 장애영유아

출처: 보건복지부 (2016c). 재구성.

다음으로 무료입소와 실비입소의 대상을 구분해 보면, 무료입소 대상은 국민기초생활보장수급자인 등록장애인 혹은 수급자가 아닌 경우는 등록장애인으로 부양의무자가 없거나 부양의무자가 있어도 부양능력이 없거나 부양을 받을 수 없는 자, 입양기관 보호아동이 된다. 실비입소 제도는 소득수준과 무관하게 주거시설 서비스 이용권을 보장하기 위하여 시행중이며, 실비입소 대상자는 소득조건에 관계없이 등록장애인이면 가능한데, 실비이용 대상자는 시설 정원의 30%까지 허용하고 있다(단, 정원 30인 초과시설은 현원 기준, 2014년 12월 기준으로 실비이용자가 30%를 초과하는 시설은 강제퇴소가 아닌 자연감소로 30% 이내로 조정)한다(보건복지부, 2016c).

3) 장애인 거주시설의 이용절차

장애인 거주시설 이용 장애인은 자신의 주소지를 해당 시설로 이전해야 한다. 이후 일반 이용 대상자의 경우, 시설서비스의 신청(장애인 본인 또는 그 친족, 그 밖의 관계인이 관할 시장·군수·구청장에게 신청)을 하면, 해당 관할 기관에서는 서비스의 필요성, 대상자 여부 등을 심사한다. 이용계약 체결이 이루어진 후, 본인부담금 산정이 이루어진다. 본인부담금을 지급하고 입소하는 장애인에 대하여는 입소장애인 또는 그 보호자의 생활능력에 따라 1인당 월 362,000원 범위 내에서 비용을 수납할 수 있다. 이용보증금은 월 이용료의 1년분 이내에서 설정하고, 보증금을 수납한 경우에는 입소자 퇴소 시 수납한 보증금을 지체 없이 반환한다(보건복지부, 2016c).

시설의 퇴소절차는 장애인의 사망 · 원가정 복귀 · 시설 전원 · 장애인의 요구 등으로 장애인에 대한 시설서비스가 종료되는 경우, 해당 시설장은 복지실시기관 및 장애인 가정 등에 퇴소 사실을 통보하여야 하고, 시설의 전원 및 장애인의 요구 등으로 시설서비스가 종료되는 경우, 해당 시 · 군 · 구청장은 전원되는 시설에 대한 정보나 시설서비스 종료 후 지역사회에서 이용할 수 있는 서비스에 대한 정보를 제공하여야 하며, 서비스 종료를 위해서는 본인 및 부양의무자의 동의서를 받아야 한다(보건복지부, 2016c).

WWW 참조하면 좋은 사이트

- 한국장애인복지시설협회
  http://www.kawid.or.kr
- 서울시복지재단 장애인생활시설
  http://happy-search.welfare.seoul.kr

2. 장애인 단기거주시설

1) 개요

「장애인복지법 시행규칙」 제41조에 따르면, 장애인 단기거주시설은 보호자의 일시적 부재 등으로 도움이 필요한 장애인에게 단기간의 주거서비스, 일상생활지원서비스, 지역사회생활서비스를 제공하는 시설을 말한다. 여기서 '단기간'이란 원칙적으로 30일 이내를 기본으로 한다. 단,

필요에 따라 그 기간은 변경 시행할 수 있다(보건복지부, 2012). 본 시설의 운영자는 시설 운영의 기본방침으로, 가정적인 분위기에서 이용 장애인을 보호하여야 하며, 긴급한 피난과 보호를 요하는 이용자를 우선 배려하고, 장애인의 인간적 존엄성과 기본적 권리가 유지될 수 있도록 노력하여야 한다(보건복지부, 2016c).

장애인 단기거주시설은 기본적으로 장애인의 일시적인 보호를 목적으로 하고 있기 때문에, 보건복지부(2016c)에서 명시하고 있는 시설 설치의 기준으로 첫째, 일반주택, 아파트, 연립주택 등과 같은 일반 주거형태로 하되, 신규시설을 설치하더라도 지역사회의 일반 주거지역 내에 설치할 것, 둘째, 장애인복지관 등 지역사회재활시설과 인근에 위치토록 하여 이용 장애인의 편의를 도모할 것 등이 있어, 단기거주시설 이용 장애인의 시설 이용 적응도 및 원가정 복귀의 효율화를 도모하고 있다.

2) 장애인 단기거주시설 이용 대상 및 서비스 내용

장애인 단기거주시설의 이용 대상은 소득조건에 관계없이 등록장애인으로서, 1개 시설 당 정원은 최소 10인으로 운영되어야 하며, 30인이 초과되지 않도록 노력해야 한다. 또 시설은 24시간 운영되며, 명절, 휴가 등 시설 휴무일은 시설운영규정에 따르게 된다(보건복지부, 2016c).

장애인 단기거주시설에서 제공되어야 할 재활사업의 내용은 「장애인복지법 시행규칙」 제41조 및 제42조에 따른 별표5에 따라, 이용자의 장애유형, 연령 등을 고려한 거주 및 생활지원서비스와 함께, 지역사회 관련시설과 연계한 재활치료, 교육재활, 의료재활, 심리 · 사회적 재활 등의 서비스 등이 있다. 이를 근거로 실제 수행되고 있는 사업들을 살펴보면

(보건복지부, 2016c), 개별서비스 지원, 자립생활 지원, 사회적 인지기술 지원, 정서안정 및 여가 지원, 쉼터 제공 등이 있다.

먼저, 개별서비스 지원은 이용자 개인의 희망과 욕구를 최대한 보장할 수 있도록 개별서비스 지원을 계획하여 제공하는 것이며, 자립생활 지원은 일상생활에 필요한 지식과 기술을 지원하여 장애인의 의존성을 최소화 시키도록 하는 것이고, 사회적 인지기술 지원은 장애인이 사회의 한 구성원으로 삶을 영위할 수 있도록 지역사회를 바르게 이해시키는 교육이며, 정서안정 · 여가 지원은 단조로운 일과에 변화를 주고 새로운 환경과 정보를 접할 수 있도록 하는 야외활동, 취미생활, 종교활동 등을 의미하고, 쉼터 제공은 인권침해 피해 장애인의 일시보호와 심리치료 프로그램을 제공하는 것이다.

〈표 10-4〉 장애인 단기거주시설 수행사업 내용

수행사업	서비스 내용
개별서비스 지원	이용자 개인의 희망과 욕구를 최대한 보장할 수 있도록 개별서비스 지원을 계획하여 개인의 욕구와 선택을 강화하고 이용자의 참여와 권리를 보장하도록 한다.
자립생활 지원	일상생활(식생활, 의생활, 개인위생관리, 건강관리 등)에 필요한 지식과 기술을 지원하여 장애로 인하여 발생하는 의존성을 최소화시키도록 한다.
사회적 인지기술 지원	사회의 한 구성원으로 삶을 영위할 수 있도록 지역사회를 바르게 이해시키는 교육. 사회적응훈련을 통해 진정한 사회통합을 이루도록 한다.
정서안정 · 여가 지원	단조로운 일과에 변화를 주고 새로운 환경과 정보를 접할 수 있도록 야외활동, 취미생활, 종교활동 및 정서안정 지원활동을 통한 사회적응력을 키우고 배운 기술이 일반화되도록 한다.
쉼터 제공	인권침해 피해 장애인의 일시보호, 심리치료 프로그램 제공

출처: 보건복지부 (2016c). 재구성.

3) 장애인 단기거주시설 인력지원 기준 및 이용료

장애인 단기거주시설의 인력지원 기준 및 이용료를 살펴보면 다음과 같다(보건복지부, 2016c). 본 시설의 종사자 배치기준은 시설장, 사회재활직 및 복지지원직, 조리직으로 나누어 지정되어 있다. 이용료 수납 대상은 모든 이용자(기초생활보장 수급자 포함)가 된다. 이용료는 시설운영의 제반비용(인건비, 관리운영비 등)으로 사용할 수 있으며, 이용료 산정은 시설운영위원회에서 1년 단위로 책정하되 물가변동에 따라 회계연도 중이라도 조정할 수 있다.

〈표 10-5〉 단기거주시설의 종사자 배치기준

직종별	배치기준	비 고
시설장	1명	• 시설장은 상근을 원칙으로 한다. (단, 시설운영 현황에 따라 관할 시군구의 승인하에 타시설과 겸임할 수 있다.)
사회재활직 및 복지지원직	4명	• 이용장애인 2.5명당 1명 기준 * 2급 이상 사회복지사 1인 이상
조리직	1인	•1인 배치

출처: 보건복지부 (2016c).

WWW 참조하면 좋은 사이트

- 서울시장애인복지시설안내
  http://disability.seoul.go.kr
- 한국장애인복지시설협회
  http://www.kawid.or.kr

3. 장애인 공동생활가정

1) 개요

장애인 공동생활가정(그룹홈, group home)은 장애인들이 장애인복지 전문인력의 지원을 받으며 공동으로 생활하는 지역사회 내의 소규모 주거시설을 말한다. 그룹홈 설치의 배경은 장애인도 가능한 한 사회에서 생활하면서 자활의 길을 걷게 하자는 데 있다. 즉 그룹홈은 사회통합, 탈시설화, 보편화 원리, 가치 있는 사회적 역할 강화 등의 개념 하에 설립되고 발전하게 된 것이다(이준우 외, 2006).

이러한 배경하게 등장한 그룹홈은 대규모의 장애인 거주시설에 비하여 다음과 장점이 있다(Tully, 1986). 첫째, 일반 지역사회의 구성원들과 유사한 생활 방식을 유지하므로 일상생활에 대한 접근 기회가 극대화되고, 사회통합을 실현할 수 있다. 둘째, 장애인이 지역사회에서 살아간다는 기본적 권리를 인정해 준다. 셋째, 장애인들의 성장과 발달에 효과적이다.

이에 보건복지부(2016c)는 그룹홈 운영의 기본방침으로 첫째, 장애인들의 사회통합과 사회적 자립을 목표로 입주자 개개인들의 존엄이 유지됨과 동시에 독립적 생활이 최대한 보장되는 방향으로 나아가고, 둘째, 그룹홈 지원 및 체계적인 관리를 위해 별도의 지원기관을 둘 수 있다는 것 등을 설정하고 있다.

2) 장애인 공동생활가정 입주자 및 사회재활교사

장애인 공동생활가정이 효율적으로 운영되기 위해서는 장애인의 지역사회 주거생활이 지역사회에 단순히 물리적인 통합을 이루는 것이 아닌, 장애인이 지역사회의 주체적인 성원으로 존재할 수 있도록 하며, 지역사회 성원들 속에서 공동체 의식과 소속감을 가지고 지역사회에 참여할 수 있도록 지원해 주는 것이 되어야 한다(유동철, 2009). 이를 위하여 우리나라의 그룹홈 정책은 입주정원, 입주기간, 입주자 및 사회재활교사의 역할, 프로그램 등에 대한 규정을 그룹홈의 이상에 맞도록 설정하고자 노력하고 있다고 판단된다.

먼저, 그룹홈의 입주정원은 1개소 당 4명 이내로 하며, 전문인력은 1개소 당 사회재활교사 1인을 배치한다. 그룹홈 입주 대상자는 시설 및 재가장애인으로서 그룹홈에서 생활하는 것이 재활 및 자립에 더 효과적이라고 인정되는 자, 또는 낮 시간 동안 근로, 고용훈련, 교육 및 재활훈련 등에 참여하고 있는 자, 혹은 사회재활교사의 도움을 받아 공동생활을 하는데 큰 지장이 없는 자 중에서 입주를 희망하는 본인, 부모 또는 보호자의 신청으로 선발하게 된다(보건복지부, 2016c). 입주기간은 입주계약서를 따르며, 본인 또는 보호자가 퇴거를 희망하는 경우, 전염성 질환 등 공동생활이 곤란한 질병에 감염되었을 경우, 본인의 결혼, 계약사항에 따른 생활비를 일정기간 연체하였을 경우, 기타 운영자가 입주자의 공동생활가정이 부적절하다고 인정하는 경우에는 퇴소를 하게 된다(보건복지부, 2012c).

입소한 입주자는 사회구성원으로서 자신의 책임 하에 개인생활과 공동생활의 구성원으로서 의무를 지키면서 사회적 자립을 달성함을 목적으로 설정하고, 사회재활교사와 협의하여 개인위생관리, 주택관리, 가사 등 역할부담을 하고 필요시 규칙을 정할 수 있다. 또한 낮 시간에는 장애인복지관, 보호작업장, 근로시설, 직장 등에 다니는 것을 원칙으로 하지만,

질병 등 특별한 사유가 있는 경우는 제외한다(보건복지부, 2016c).

사회재활교사는 입주자들을 인격적으로 존중하며, 이들이 가정적인 분위기 속에서 정서적인 안정을 갖도록 지원하고, 입주자의 개별적인 잠재능력과 잔존능력, 특성을 최대한 고려하여 효과적이고 전문적인 교육방법을 활용하는 것이 필요하다. 또한 입주자들이 여러 사람과 대인관계를 갖도록 협조하여 지역사회자원 활용의 기회를 최대한 제공하도록 해야 한다(보건복지부, 2012c).

3) 장애인 공동생활가정 프로그램 및 설치기준

그룹홈에서 제공되는 서비스는 지역사회에서의 소규모 주거공간에서 개인의 적응과 사회통합을 극대화할 수 있는 방향으로 제공된다. 이러한 서비스의 내용들은 지역사회 생활기술(community living skills)의 지원, 교육·훈련으로 설명할 수 있으며(유동철, 2009), 우리나라에서 운영되고 있는 그룹홈의 프로그램 역시 이와 같은 관점에 근거하여, 자립생활, 사회적응, 지역사회유대, 가족유대, 여가, 직업, 정서안정 등의 목표로 나뉘어 종합적으로 수행되고 있다.

각 목표는 다시 다수의 하위목표에 의해 실시되고 있는데, 가령, 자립생활의 경우, 개인위생관리, 건강관리, 식생활관리, 의생활관리, 가사관리 등의 하위목표가 있으며, 사회적응은 사회편의시설 활용, 대중교통수단 활용, 대인관계, 전화사용, 안전보행, 금융기관 활용, 성교육, 위험에의 대처 등으로, 지역사회와의 유대는 지역 주민과의 교류, 사회행사와 활동에 참여, 지역주민의 활용으로, 가족과의 유대는 가족과의 유대, 가정방문, 휴가 등으로, 여가생활지원은 여가생활, 여가기술 습득으로, 직업생활지원은 직장생활상담, 직장과 관련된 사람들과의 관계, 취업알선 및 교육 등으로, 정서안정은 가족적인 분위기 조성, 개별적인 생일파티, 행동수정, 개별상담, 집단상담, 위기개입, 부모상담 등의 하위목표로 구성된다.

그룹홈의 프로그램 운영에서 중요한 것은 각 장애인은 개인마다의 개별적인 특성을 갖고 있기 때문에, 특정한 분류도식을 적용한다고 하더라도 그 프로그램이 개개인에게 완전할 수는 없다는 것을 인식하는 것이다. 따라서 그룹홈에서 훈련서비스를 계획하기 위해서는 지역사회 생활기술의 전체 내용 가운데 입주 장애인의 개별적인 특성과 욕구에 기초하여 개별화된 계획을 체계적으로 수립하는 것이 요구된다(유동철, 2009).

그룹홈의 설치 기준은 일반주택, 아파트, 연립주택 등과 같은 일반 주거형태로 하며, 가급적 고립지역이 아닌 일반 주택지 내에 위치하는 것을 원칙으로 한다. 또한 장애인복지관 등 지역사회재활시설과 인근에 위치토록 하여 이용 장애인의 편의를 도모하며, 간판이나 표찰을 붙이지 말고 가능한 한 다수의 그룹홈이 일정 지역 내에 밀집되지 않도록 한다(보건복지부, 2016c).

〈표 10-6〉 장애인 그룹홈 운영 프로그램 예

목 표	하위목표	세부내용
자립생활	개인위생관리	대·소변처리, 세면, 생리처리, 면도, 손·발톱깎기, 이발, 화장품 사용 등
	건강관리	건강관리, 의료(보험)카드 관리(정규적인 약물복용 확인, 종합건강검진)
	식생활관리	식사준비, 시장 보기, 설거지, 가스 및 가전제품 사용 등
	의생활관리	속옷 갈아입기, 세탁, 옷정리, 장소와 계절에 맞는 옷 선택

	가사관리	열쇠 사용, 문단속, 청소, 가계부 정리, 공공요금 지불, 주문과 수선 등
사회적응	사회편의시설 활용	슈퍼, 약국, 문구점, 음식점, 이·미용실, 관공서, 세탁소, 커피숍, 목욕탕 등
	대중교통수단 활용	시내버스, 택시, 기차, 전철
	대인관계	예의, 개별적인 친구관계 유지, 바른 말, 적절한 감정 표현 등
	전화 사용	가정용 전화·공중전화 및 휴대폰 사용, 시외전화
	안전보행	횡단보도 이용, 신호등 지키기, 위험물 주의, 육교, 지하도 이용
	금융기관활용	은행이용, 통장 만들기 및 입·출금, 현금카드 활용, 저축 습관
	성교육	적절한 성 인식과 성 지식, 바람직한 이성관계, 결혼에 대한 준비
	위험에의 대처	길 잃었을 때 도움 요청, 위험한 상황에서 자기방어 및 도움 요청
지역사회와의 유대	지역주민과의 교류	인사, 동네 청소, 상호 가정방문, 독거노인지원, 동네의 가정 돕기
	사회행사와 활동에 참여	반상회, 일반인들의 초대, 일반가정과의 교류, 바자회 참여, 종교활동, 축제 등에의 참여, 투표에의 참여, 소외계층 돕기
	지역주민의 활용 (자원봉사자)	입주자와 개별적인 친분관계 맺기, 여가생활 및 지역사회활동에 함께 참여, 공동가정의 운영에 물질적·사회적으로 지원
가족과의 유대	가족과의 유대	입주자의 가족들 초대, 입주자와 가족원들의 상호 안부
	가정방문	입주·퇴거 시 가정환경 조사를 위한 직원의 방문
	휴가	주말 휴가(2일~3일), 동·하계 휴가(7일~14일)
여가생활 지원	여가생활	스포츠 관람, 산책, 독서, 컴퓨터, 음악, 영화와 연극 관람, 헬스 등

	여가기술 습득	탁구, 배드민턴, 수영, 볼링, 화훼, 사진촬영기술 지도
직업생활 지원	직장생활상담	담당 업무의 난이도와 직장 내에서의 대인관계, 출퇴근 지원
	직장과 관련된 사람들과의 관계	안정된 직장생활을 유지하는 데 영향력 있는 사람들 초대, 빈번한 교류
	취업알선 및 교육	취업지의 소개, 전직훈련, 직업교육 위탁 등
정서안정	가족적인 분위기 조성	구성원 간의 분위기를 편안하고 안락하게 하기 위하여 대화, 개인의 사생활과 개인용품의 확보, 존중, 실내외 환경을 밝고 가정적인 분위기로 장식
	개별적인 생일파티	개개인의 생일을 축하함으로써 자존감 증진
	행동수정	폭력행동, 불안행동, 야뇨증, 손톱 물어뜯기, 눈 마주침, 지시 따르기, 남의 물건 인정
	개별상담	장래에 대한 희망과 책임감, 권리행사에 대한 지원, 대인관계에서 비롯되는 갈등과 고민에 대한 경청, 조언, 정보 제공, 정서적 지지
	집단상담	공통의 문제에 대해 토론을 유도, 자기표현력과 타인의 의견을 수렴하는 경험
	위기개입	도벽, 싸움, 공격적인 행동 등의 문제행동에 대한 즉각적인 조치, 사고 등의 긴급한 상황의 신속한 개입과 조치
	부모상담	입주자 부모의 효과적인 역할을 인식케 하고 수행하도록 지원

출처: 보건복지부 (2010c).

WWW 참조하면 좋은 사이트

- 한국장애인복지시설협회
  http://www.kawid.or.kr

04
PART

한국 장애인복지정책의 향후 전망과 과제

한국의 장애인복지정책은 향후 어떠한 담론과 이념을 중심으로 전개될 것이며, 보다 구체적으로 어떠한 실천모형을 통해 수행될 것인가. 제4부에서는 이러한 물음에 대한 답을 고찰해 보고자 한다. 우리나라의 사회복지는 단기간 동안 급속히 현대화되어 왔으며, 장애인복지 역시 괄목할만한 성장을 이루었다. 그럼에도 불구하고 지금까지의 발전은 양적인 확대에 초점을 맞추어 진행된 경향이 강하다. 이것은 물론 우리나라의 장애인복지 수준이 매우 열악하였고, 이에 따라 '복지의 공급' 자체가 시급히 해결되어야 하였기 때문이다.

하지만 이제는 복지의 양뿐 아니라, 복지의 질에 대해서도 고려를 해야 할 때가 되었다. 이에 따라 장애인복지공급체계에 대한 고민과 장애인복지 이념과 가치에 대한 보다 심도 있는 논의가 필요한 시점이다. 이에 향후 한국 장애인복지정책의 전망과 과제를 살펴보는 것은 대단히 의미 있는 일이다.

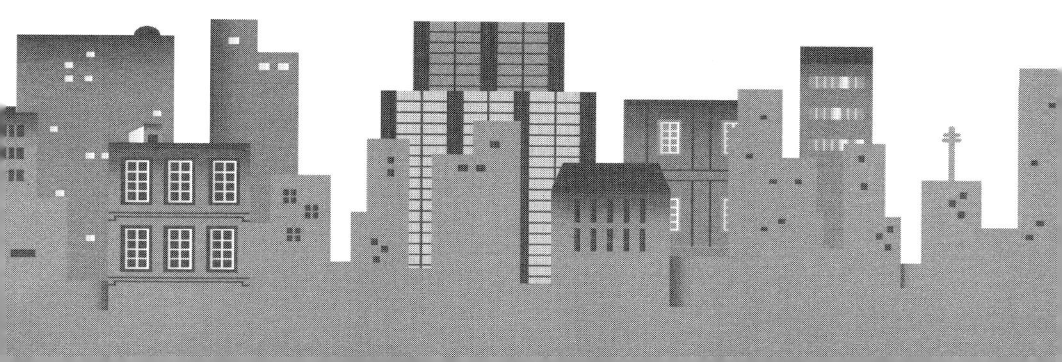

제11장

향후 전망과 과제

우리 사회에서 장애인의 권리와 그들의 어려움을 사회제도적으로 인정하게 된 것은 최근의 현상이다. 이러한 인정은 지난 삼십여 년 동안 지속적으로 진행된 「장애인복지법」의 제정과 개정, 다양한 측면에서의 장애운동 등의 열매이며, 특히 최근 십여 년 동안의 혁신적 장애인복지정책과 실천으로 더욱 촉진되었다(이준우, 2012). 이렇게 변화할 수밖에 없는 이유는 거스를 수 없는 시대적 흐름 때문이다. 21세기는 20세기의 전통적인 시혜적이며 자선적인 복지 패러다임과 개입실천을 통해서는 결코 장애인의 욕구와 그들의 문제를 해결할 수 없는 시기가 되었다. 이에 인권과 생존권 등을 포함하는 다양한 장애인의 권리를 보장하는 입법화와 그에 따른 지역사회 생활여건의 정비 그리고 장애인복지정책과 행정, 실천서비스의 개발과 개선 등이 요구되었다(김종인 · 우주형 · 이준우, 2010). 이러한 상황하에서 지난 몇 년 동안 국내외적으로 장애인권리보장과 실질적인 장애인복지정책과 서비스 실천에 큰 성과가 있었다.

국제적으로 2006년 유엔총회에서 국제장애인권리조약(International Convention on the Rights of Persons with Disabilities)이 채택되었고, 국내적으로 2007년에 「장애인차별금지 및 권리구제 등에 관한 법률」이 제정되었으며, 「장애인 등에 대한 특수교육법」과 「장애인복지법」이 전면 개정됨으로써 장애인의 보편화와 사회통합을 법적 · 제도적으로 보장할 수 있게 되었다. 그 외 「장애인고용촉진 및 직업재활법」, 「교통약자의 이동편의증진법」 등이 시행되고 있어 우리나라는 장애인이 누려야 할 기본권이 제도적으로 보장된 듯 보인다(엄현정, 2006). 또한 아직 미흡하기는 하지만, 그럼에도 장애인의 자립생활을 실질적으로 지원하는 '중증장애인 자립생활지원사업'이 시행되고 있으며, 장애인생활보장의 획기적 출발이라

할 수 있는 '장애인연금제도'도 2010년에 시작되었으며, 2011년부터는 '장애인활동 지원제도'가 시행되고 있다. 나아가 2013년 7월 1일부터 시행된 '성년후견제'는 장애 당사자의 자기결정권을 존중하는 획기적인 제도라고 할 수 있다.

이와 같은 장애인복지 관련 법과 정책의 변화는 우리나라가 장애인의 권리에 기반 한, 자립생활 중심의 패러다임을 실현하는 실질적인 단계에 와 있음을 나타내고 있다. 그러나 이렇게 한편에서 장애인 당사자 중심의 자립생활 패러다임으로의 전환이 진행되고 있음에도 불구하고, 다른 한편에서는 장애인복지정책, 즉 서비스전달체계는 이에 얼마나 부응하고 있는가에 대해 의문이 제기되고 있다. 또한 당사자 중심의 서비스 제공을 위한 전달체계를 논의함에 있어 사회복지사나 특수교사 및 관련 전문가 그리고 가족의 역할은 무엇인가에 대한 의문도 제기되고 있는 것이 현실이다.

또한 장애인들 가운데 상대적으로 사회적 대책과 처우가 크게 미흡한 장애영역이 있는 등 장애범주 간에도 복지 격차가 상당하게 있는 것이 현실이다. 가령 발달장애인(지적장애인, 자폐성장애인, 중복뇌병변장애인 등)은 자기결정 · 자기선택 · 자기권리 주장이나 자기보호가 심각할 정도로 어려워, 학대 · 무시 · 성적 착취 · 경제적 착취 · 법적권리 침해 · 인권침해 등에 있어서 사회에서 가장 취약한 계층이며, 장애인 중에서도 소외된 계층이라 할 수 있다. 지난 2015년 11월 21일 「발달장애인 권리보장 및 지원에 관한 법률」이 제정 · 시행되면서 발달장애인을 위한 법적 · 제도적 장치가 마련되었다.

그리고 최근 장애등록 판정제도 개선에 대한 요구와 이에 따른 새로운 판정체제의 필요에 대한 공감대가 널리 확대되고 있다. 이는 현 장애등급 제도가 장애인복지 패러다임의 변화, 즉 장애의 사회화 또는 사회모델로 변해가는 현실을 반영하고 있지 못하고 있는 데에 따른 것이다. 현재 장애등급제 폐지 여부(혹은 개선)에 대한 민관 논의가 진행되고 있는데 우선적으로는 장애등급제가 개선(폐지)될 경우 대안으로서 ICF(International Classification of Functioning, Disability and Health)의 장애개념을 판정체제에 반영시키는 견해가 급부상하고 있다.

또한 장애인의 지역사회 내로의 통합을 향한 적극적인 노력도 가속화되고 있다. 뿐만 아니라 장애인 거주시설 기능개편에 대한 방안도 모색되고 있다. 장애인 거주시설의 '거주' 기능의 강화 및 소형화(30인 이내) 추구 기조를 유지하기 위해서는 거주시설에 대한 개념을 재정립해야 하며 이에 따른 시설기준 개선, 이용요건 강화 등을 충족시킬 수 있는 혁신적인 거주시설 지원방안이 마련되어야 할 시점이다. 왜냐하면 현재의 시설의 기능보강 수준으로는 한계가 있기 때문이다. 적절한 방안을 찾는 일이 시급하다.

장애인복지가 크게 발전되어 왔음에도 이러한 일련의 한계들이 발생할 수밖에 없는 것은 장애인복지 관련 법의 정비와 발전만으로 혁신적인 장애 이념이 확산될 수 없음을 뜻한다. 나아가 정책과 제도, 서비스전달체계의 개혁은 그에 따른 실질적인 운영의 변화까지 포함해야함을 의미한다. 이에 향후 한국 장애인복지정책의 전망과 과제를 지역사회중심의 장애인복지 전달 및 사회서비스 강화, 장애인 노동연계복지로의 전환, 장애학 담론의 확산, 공공-민간 연계를 기반으로 하는 사례관리 실천체계의 구축 등의 화두를 가지고 알아볼 필요가 있다고 본다.

1. 지역사회 중심의 장애인복지 전달 및 사회서비스 강화

현재 장애인복지의 중요한 이념 및 가치로 언급되고 있는 것이 보편화(normalization)와 사회통합(social integration)이다. 이는 결국 장애인도 비장애인과 함께, 비장애인이 사는 삶을 살 수 있도록 하자는 것이다. 이러한 두 가지 이념과 동시에 논의된 실천 전략이 탈시설화(deinstitutionalization)와 지역사회중심재활(community based rehabilitation: CBR)이다. 이는 곧 장애인이 지역사회에서 고립된 시설 중심의 재활을 탈피하여, 지역사회를 중심으로 한 통전적인 재활을 이루어야 한다는 주장이다.

이러한 여러 가지 장애인복지의 이념 및 실천전략들이 등장하게 된 배경을 분석해 보면, 우선 사회학적 입장에서는 소수자의 인권을 보장하는 것에 대한 관심이 증가한 것을 지적할 수 있으며, 경제학적으로는 1970년대와 1980년대에 촉발된 석유파동(oil shock)을 기점으로 한 복지국가의 축소(retrenchment of welfare state)를 들 수 있다. 즉, 경제의 위기로 복지재정의 확보 및 확대가 어려워진 상황에서, 긴축재정이 실시되고, 이에 따라 공적 복지의 축소가 강하게 요구되었다. 이에 따라 장애인복지 역시 재정 투입에 대한 부담을 덜 수 있도록, 시설 중심의 복지에서 지역사회와 가정을 중심으로 한 복지로 전환이 되는 방향으로 작용한 것이다.

이러한 이념적 · 실천적 경향 및 경제사회학적 요소들이 반영되어, 지금까지 우리나라는 물론 해외 선진국에서는 장애인시설의 소규모화, 장애인 그룹홈의 증가, 지역사회를 중심으로 한 재가장애인복지(residential welfare) 등이 점차 발전하고 있다. 이러한 장애인복지를 '서비스를 주는 전문가 입장에서의 장애인복지가 아닌, 서비스를 받는 입장에서의 장애인복지'로, 즉 철저히 '서비스이용자인 장애인(the disabled as a service user) 중심으로 장애인복지가 재편'되고 있다고 표현할 수 있다(이준우, 2001).

이러한 경향은 향후 지속적으로 강화될 것이라 판단된다. 그 이유는 우선 사회적 소수자(social minority)에 대한 인권 감수성이 보다 심화되고 있어, 대표적인 소수자 중 한 그룹인 장애인의 인권 및 사회권 향상을 위한 움직임이 강화될 것이기 때문이다. 또한 현재 사회서비스(social services)가 경제 성장을 위한 3차 산업 블루오션으로 인식되고 있는 가운데, 우리나라에서도 노인장기요양보험 도입과 동시에 고령친화산업이 등장한 것처럼, 2011년부터 도입된 장애인활동지원제도는 향후 '장애(인)친화산업'이 등장하여 산업구조에 일정부분 영향을 줄 것이고, 이는 곧 경제적 측면에서도 수익이 발생하는 것이기 때문에 재가장애인에 대한 복지서비스의 질적 · 양적 확대가 이루어질 것이다. 결국 향후 장애인복지는 지역사회중심의 인권친화적 복지로 발전하리라 판단된다.

우리가 기대하고 있는 바와 같은 낙관적인 장애인복지가 이루어지기 위해서는 우리나라의 장애인 사회서비스 제도가 체계적 · 효과적으로 구축되어야 한다. 즉, '장애인활동지원제도' 시행이 장애계와 서비스 제공자, 국가와 사회를 망라한 이해당사자 간의 충분한 토론과 합의를 토대로, 그들의 욕구를 충분히 반영한 제도가 될 수 있도록 지속적인 관심을 경주해야 할 것이다.

이상과 같은 과제를 해결하기 위해 지역사회 중심의 장애인복지 전달 및 사회서비스 강화를 실현하고자 혁신적인 '지역사회 중심의 장애인복지서비스 전달체계'를 마련하는 데에 도움이 될 수 있을 것으로 기대하며 '준거 틀'을 제안하면 다음 [그림 11-1]과 같다.

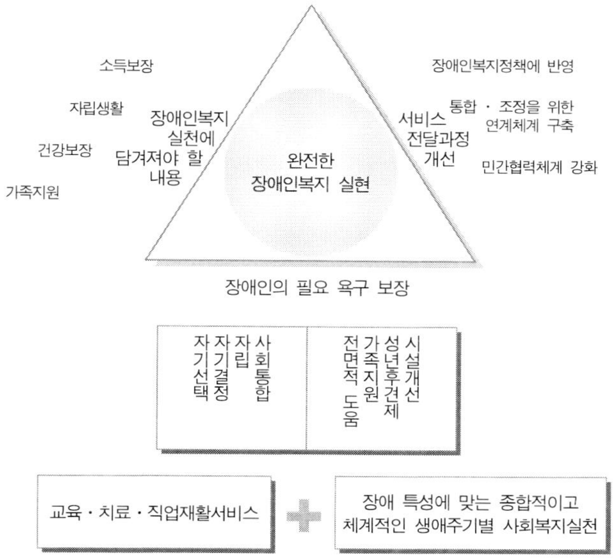

[그림 11-1] '지역사회 중심의 장애인복지서비스 전달체계' 마련을 위한 준거 틀

이러한 준거 틀은 '지역사회 중심의 장애인복지서비스 전달체계'를 마련하는 데에 고려해야 할 기본적인 지침으로서 크게 유용하다고 하겠다.

이상의 준거 틀을 근거로 하여 우선 부족하나마 아주 기본적인 장애인복지서비스 전달체계의 방향을 간략하게 정리하고자 한다.

첫째, 장애가 지적 · 심리적 · 신체적 · 사회적인 면에서 나타나게 되면 자립능력이 부족하여 타인에게 장기적으로 의존해야 하는 특성이 나타나게 된다. 결과적으로 장애인은 장기적이고 특별한 양육과 보호를 필요로 한다. 그러므로 장애인복지서비스는 장애 시민에 대한 장기적이고 특별한 양육과 보호를 보장할 수 있어야 한다.

둘째, 장애 아동은 성장하면서 사회적응력에서 비장애 아동과 비교해 더욱 큰 격차를 보여 연령이 높아질수록 도움을 필요로 하는 정도가 높아지고, 위기가 증가되며, 성인이 되어서도 계속적으로 가족의 보호를 필요로 하기 때문에 장애인 자녀를 가진 가족들이 겪는 심리적 고통과 경제적 부담감은 이루 말할 수가 없다. 따라서 장애인복지서비스는 '가족을 지원하는 구체적인 접근'이 가능하게끔 설정되어야 한다.

셋째, 앞의 두 가지와 연결되면서도 또 다시 강조할 수밖에 없는 것은, 장애인은 비장애인에 비해 특별한 문제와 욕구를 가지고 있어서 특별한 서비스를 필요로 하는데 특히 장애는 한번 발생하면 평생 지속되는 특성이 있기 때문에 출생에서부터 영유아기, 학령기, 청년기, 성인기로 나누어 '생애주기별 평생지원 서비스 체제의 확립'이 필요하다. 그러므로 장애인복지서비스는 '생애주기별 평생지원 서비스 체제'를 확립하고 그것을 실현할 수 있게끔 제시되어야 한다.

한편, 여기에서 고민해야 할 부분은 노년기에 속하게 된 장애인에 대한 접근이다. 즉, 장애인으로 지내다가 고령층이 된 경우에 대한 대책에 관한 것이다. 이 경우, 이들 고령 장애인을 노인복지 영역으로 넘어가게끔 해야 하는데, 여기에서 문제는 노인복지 영역으로 가게 될 때, 기존 장애인복지서비스를 이용하는 데에 제한이 따른다는 점이다. 향후 이 부분에 대해 보다 심도 있는 고민이 있어야 할 것이다.

넷째, 장애인이 지역사회의 한 성원으로서 완전한 사회통합을 이루기 위해서는 장애인을 대상으로 한 의료, 사회, 심리, 보육, 교육, 직업, 주택, 교통 등의 모든 분야에서 보다 확대되고 통합 조정된 재활서비스가 제공되어야 하며, 각종 재활서비스가 효과적으로 그 목표를 달성하기 위해서는 가족에 대한 지원서비스도 함께 제공되어야 한다. 이러한 포괄적 · 전문적 · 통합적인 지원을 효과적으로 실시하고 수행하기 위한 창의적인 접근이 이루어져야 한다.

지역사회란 단순한 물리적인 공간이 아니라 한 사람 한 사람이 만들어 가는 지역 공동체를 의미한다. 그러므로 지역 공동체는 사람들이 안심하고 숨을 쉬며 살 수 있고 거처로서 기능할 수 있을 뿐만 아니라 행복을 만들어 가는 삶의 현장이 되어야 한다. 바로 이런 면에서 장애인을 대상으로 하는 사회복지실천 프로그램은 장애인들이 사랑과 행복의 공동체인 지역사회에서 당당하게 살아가면서 신바람 나게 삶을 누리도록 지원하는 구체적이며 전문적인 개입실천 활동이어야 한다. 즉, 장애인복지 사업 및 프로그램을 통해 숨겨진 재능을 발견하고 이를 계발함과 동시에 단순히 개인적 만족과 성장의 차원을 뛰어넘어 지역사회 구성원으로 당당히 세워져가는 새로운 역할부여로 확대될 수 있어야 하는 것이다.

다섯째, 권리에 기초한 장애인 당사자 중심의 산하시설 프로그램이 활성화되어야 한다. 장애인복지 시설에서 서비스를 제공받는 장애인들을 존중하는 조직문화를 보다 확대해나갈 뿐 아니라 권리에 기초한 서비스를 실천해 나가야 한다. 이를 위해 장애인복지 시설의 프로그램은 서비스 이용 장애인들을 격려하고 동기를 부여함으로써 그들이 스스로를 성장시키도록 돕는 과정이 되어야 한다. 이러한 프로그램은 단지 재활이나 치료에 관한 것이 아니라 성장에 관한 것이어야 한다. 즉, 장애인복지시설의 장애인복지실천 프로그램은 서비스 이용자인 장애인의 약점을 극복하는 데에만 초점을 맞추기보다는 장애인의 능력과 기술 그리고 힘을 기르는데 초점을 맞추어야 한다. 이를 실현하기 위해서는 프로그램의 기획단계에서부터 장애인 당사자의 의견과 욕구가 반영될 수 있는 프로그램의 구조가 만들어져야 한다.

그리고 동시에 장애인 서비스 이용자의 문제, 욕구나 권리를 면밀히 확인하고 사정하면서 장애인의 욕구에 부응하는 서비스 제공을 체계적으로 실현해낼 수 있는 프로그램 실천 단계를 구축해야 한다. 이를 위해 장애인 및 그 가족들이 주체적으로 참여하는 프로그램 기획위원회 또는 운영위원회를 구성하거나 다양한 간담회를 통해 장애인들의 실제적인 욕구와 의견이 반영될 수 있도록 체계화시키려는 노력이 요구된다.

2. 장애인 노동연계복지로의 전환과 성찰적 근대에서 장애인노동의 새로운 가능성

서방의 복지국가는 1970년대 이후 계속되는 저성장·고실업 문제와 그에 따른 반복지 공세에 직면하여 재편작업을 해왔다. 1980년대의 재편작업은 주로 복지국가의 양적 축소에 집중되어 있었는데, 1990년대부터는 복지국가를 시장논리에 조율하는 쪽으로 방향이 바뀌었다. 이러한 방향 전환의 중요한 흐름 중 하나가 바로 복지수급을 노동의무와 연계하는 이른바 노동연계복지(workfare)[18]다(김종일, 2001).

우리나라는 서구 복지국가처럼 보편적 복지국가가 형성되지 않은 상황에서, 1990년대 후반부터 생산적 복지, 능동적 복지의 이름으로 노동연계복지가 시행되고 있다. 이는 곧 일자리를 창출하고, 일자리를 갖게 하는 것이 사회정책의 가장 중요한 핵심으로 설정하는 것이다.

이러한 노동중심 복지정책은 어느 나라를 막론하고 노동시장에서 밀려나가 처음부터 배제된 이른바 사회적 취약계층을 대상으로 하는데, 장

18) 'workfare'는 노동복지, 고용복지, 근로복지, 생산적 복지, 워크페어로도 번역되어 사용되고 있다.

기실업자, 여성, 청소년, 장애인, 한부모, 고령자 등이 이에 해당된다(김종일, 2001). 따라서 사회복지의 하위 분야인 장애인복지 역시 장애인의 복지 수급조건을 보다 강화하는 흐름으로, 직업훈련 및 고용을 활성화하는 방향으로 정책이 진행될 것이라 예측된다. 실제로 최근에는 장애인 직업능력개발과 직업재활은 물론, '이미 고용이 된 장애인'의 직업적응력을 향상시키는 것까지 고려하는 총체적 직업재활에 관한 연구(이준우 외, 2010)도 시도되고 있다.

향후 이러한 흐름은 장애인고용을 위한 직업훈련 및 직업적응 향상 프로그램, 직무지도의 발전과 장애인 당사자의 교육수준 향상 등으로 더욱 확대될 가능성이 있다. 즉, 국가 및 사회가 장애인을 위한 일자리를 창출하는 것에 정책적 노력을 기하는 것과 동시에, 장애인 당사자도 노동시장 진출에 대한 욕구 및 시도가 증가할 것이다.

따라서 장애인 노동연계복지를 효율적으로 달성할 수 있는 선도적 조치가 마련되어야 할 필요가 있다. 이를 위해 무엇보다 우선적으로 고려되어야 할 사항은 장애유형별 직업적 특성을 파악한 맞춤형 일자리 개발 및 직업훈련, 직업재활이 필요하다. 또한 현재 시행되고 있는 장애인의무고용률의 향상, 장애인직업재활시설의 내실화를 더욱 기해야 할 것이다.

한편, 현대사회의 특징을 성찰적 근대화[19]라는 용어로 논의하는 흐름이 존재하는데, 성찰적 근대에서 장애인노동의 가능성을 살펴보면 다음과 같다(정지웅, 2016).[20] 성찰적 근대사회에서의 노동은 1차근대에서 주

19) 벡(U. Beck)은 『위험사회』에서 인류의 시대구분을 크게 전근대, 단순 근대(1차근대), 성찰적 근대(2차근대)로 나누어 제시하였다. 전근대는 전통적인 봉건사회를 의미하며, 단순 근대는 봉건사회가 해체되고 등장한 산업사회를, 성찰적 근대는 산업사회가 해체되며 대체하게 되는 사회 유형을 의미한다(Beck, 1992; 정지웅, 2016 재인용).

요한 노동 모델인 '남성생계부양자 모델'이 약화되면서 변화한다. 즉, "한편에서는 '산업'과 '생산'의 핵심으로 이해되었던 물질생산과 육체노동의 비중이 축소되는 반면, 다른 한편에서는 그 동안 '노동인구'로 분류되지 않았던 (기혼)여성과 고령자들이 '노동인구'로 포섭됨으로써 노동과 산업의 저변이 오히려 넓어지기 때문이다. 결국 '노동'은 종말이 아니라 변화를 겪고, 노동시장은 이전보다 훨씬 다양한 인구집단으로부터 충원된다" (홍찬숙, 2013). 위와 같은 노동시장의 변화는 '개인의 정체성'에서 노동이 차지하는 중요성을 축소시키고 있는 것이다(문순홍, 2006). 성찰적 근대화가 진행되면, 장애인의 노동은 어떻게 변화할 것인가. 성찰적 근대에서는 여성, 고령자 등과 같은 인구가 노동인구로 포섭될 것이라는 예측(홍찬숙, 2013)과 맥락을 같이한다. 특히 재활공학이나 의학 등이 발전하게 되면 직업 영역에서의 장애인 재활 수준이 높아지고, 건축공학에서 무장애 환경을 강조하는 보편적 설계(universal design)가 확대 적용되게 되면 장애인 친화적 기업환경이 조성되어, 장애인고용률의 상승이라는 가능성은 더욱 높아질 수 있을 것이다.

3. 장애학 담론의 확산

최근까지 장애(인)의 문제는 의학적 · 특수교육학적 · 복지학적으로 다루어진 것이 대부분이었다. 하지만 그러한 접근은 장애문제의 확대 · 재생산에 관한 근본적 이유에 대해 속시원하게 대답하지 못하는 경향이 있었다고 판단된다. 즉, 의학적 접근의 경우, 장애인의 신체적 · 정신적 결

20) 이하의 내용은 정지웅(2016)을 요약한 것임.

함이 장애의 원인이라고 설명하며, 특수교육적/사회복지적 접근은 의학적 접근보다 원인규명에 소홀한 측면이 있는 가운데, 장애인의 교육 및 복지향상을 위한 사후적인 방법론의 개발에 관심의 초점을 맞춘다. 따라서 이러한 시각들에 의한다면, 장애의 근본적인 원인 규명에 의거한 문제해결은 요원해 보이며, 대증적인 문제 대처의 접근이 주를 이루게 된다. 이러한 문제의식을 견지하면서 장애의 정치경제학적 분석에 대한 논의가 '장애학(disability studies)'이라는 신생학문을 통해 영국과 미국을 중심으로 이루어져 왔다(정지웅, 2010).

장애학은 종합학문의 성격을 지니고 있다. 장애학과 유사한 성격을 지니고 있는 여성학이 한마디로 정의하기가 쉽지 않듯이, 장애학 역시 학제간 연구이면서, 동시 신생학문이기 때문에 정의를 내리기가 쉽지 않다. 그럼에도 불구하고 장애학의 작업적 정의를 내려 본다면, "장애를 개인의 결함으로 보지 않고 오히려 장애를 규정하는 정치적 · 경제적 · 사회적 · 문화적 요인 등을 탐구하며 장애인에 의한 적극적 참여를 중시하는 다학제적 학문"(조한진, 2011)이라 할 수 있겠다.

장애학은 장애를 바라보는 주요 관점인 개인적 모델과 사회적 모델 중, 사회적 모델의 입장에 가깝지만, 그에 더해 장애문제에 대해 인류학적, 정치경제학적 분석을 추가한다. 즉, 장애학은 장애에 대한 사회와 장애인당사자의 인식은 시대와 문화와 정치경제적 구조에 따라 달라지고 있음을 보여준다. 가령, '장애인-비장애인'의 의학적인 사실 구별이 '비정상인-정상인'의 사회 · 국가적인 규범적 차별로 이어질 수 있으며, 여기에 국가나 대중의 암묵적인 승인이나 비장애인 위주의 이익관계 등이 개입되어 "장애인은 사회와 국가의 유지에 불필요하거나 아니면 부당한 부담을 안겨 주는 비정상인이다"라는 담론이 확대재생산될 수도 있는 것이다. 이러한 방식으로 사회적 집단이나 제도에 의해 조직적으로 유포되어, 국가·사회 구성원의 행위에 구속력을 발휘하는 명제들을 '장애 이데올로기(disability ideology)'라는 개념으로 분석할 수 있다(홍윤기, 1997).

이러한 장애 이데올로기는 장애학 연구의 진전, 장애인 당사자의 인권의식 향상, 소수자에 대한 사회적 차별과 배제에 대한 문제의식 확산, 장애인을 위한 사회서비스의 확대, 재활공학과 분자생물학의 발전으로 인한 장애의 점진적 극복 등으로 점차 약화될 것이며, 이는 다시 장애학 담론의 확산으로 정상과 비정상에 대한 이분법적 구분이 희박하게 되며, 장애인의 심리적 사회통합까지 성취하게 될 가능성을 높이게 되리라 판단된다.

장애학 담론의 확산은 장애인복지정책 및 실천의 즉시적인 진보에 영향을 미치는 것은 아닐지 모른다. 하지만 모든 복지의 패러다임이 어떻게 설정되느냐에 따라 점진적으로 현실의 정책 및 실천도 그에 따라 변화되어 설정되어 간다. 향후 장애인복지의 패러다임은 전선옥·곽승철(2007)이 주장한 바와 같이, 사회적으로 왜곡된 인식으로 고통받고 차별받았던 장애인의 사회적 위상과 권익을 또 다른 차원에서 확보해 줄 수 있는 문화적 담론의 확장과 재생산이 필요하며, 이에 기여할 수 있는 것이 장애학이라고 판단된다.

4. 공공-민간 연계를 기반으로 하는 사례관리 실천체계의 구축

우리나라의 장애인복지 현장에서는 여러 가지 문제들이 나타나고 있는데 그것들 중 가장 심각한 문제를 네 가지 정도로 요약하면 다음과 같이 말할 수 있다. 첫째, 공공 및 전문사회복지 분야에서의 장애인복지서비스 공급의 미비, 둘째, 서비스를 제공하는 전문가의 자질과 능력의 부족, 셋째, 장애인복지실천 프로그램의 개발과 개입실천을 수행해야 하는 장애인복지시설이 갖고 있는 실질적인 자원의 한계, 넷째, 여러 관련 기관과의 연계망 구축의 미흡 등으로 정리할 수 있다. 이 네 가지를 종합해 정리하면, 결국 인적 · 물적 자원의 효과적인 연계와 효율적인 관리 운영의 부족이 장애인복지의 가장 핵심적인 문제임을 알 수 있다.

그러므로 한정된 자원을 최대한 활용하면서 중복 · 누락을 최소화하며 서비스를 효과적으로 연계하고 조정해 나가는 체계적인 서비스 모델인 사례관리가 장애인복지 현장에서도 크게 부각될 필요가 있다고 본다.[21] 이는 사례관리에서 가장 강조되는 것이 서비스의 지속성과 자원의 연결(정순둘, 2005)이므로 지역사회에서 제공되는 장애인복지서비스의 중심적인 역할을 하고 있는 장애인복지관과 여러 형태의 장애인복지시설 등이 서비스의 지속성과 효과적인 자원연결을 위해 사례관리 실천을 강조할 수밖에 없는 것이다. 결국 사례관리 실천은 장애인복지서비스 제공에 대한 책임성 확보와 재원 사용에 대한 효과성 및 효율성을 극대화하는 방

21) 최근 사회복지조직을 둘러싼 환경의 변화로 사회복지 패러다임은 공급자 중심의 복지에서 수요자 중심의 복지와 인권을 중시하는 방향으로 전개되고 있는 추세이며, 우리나라의 대부분 사회복지 현장에서는 전문적인 복지서비스를 제공하고 조직의 효율적인 운영과 서비스의 전달 측면에서 사회적 책무성을 갖게 되었다. 여기에서 사례관리는 크게 각광받고 있는 것이다.

법으로서 크게 활용되어야 할 것이다.

따라서 지역사회 내에 있는 다양한 조직들 상호간의 네트워크 협력을 통한 장애인복지실천 개입 노력은 장애인 당사자들의 삶의 질을 보다 효과적이고 효율적으로 개선하기 위해서라도 반드시 필요한 일이고, 또한 중요한 일이기도 하다. 이를 위해 장애인복지 자원들 간의 네트워크가 무엇보다도 중요한 상황이다. 하지만 우리나라의 경우 다양한 장애인복지 조직들과 자원들은 각기 조직 자체적으로 목표를 설정하고 추진하는 사업들을 매우 열정적으로 수행함으로써 큰 성과를 산출하고 있으나 지역사회 내에 있는 여러 장애인복지 관련 조직, 기관 내지 시설들 상호 간의 효과적이며 효율적인 네트워크 형성은 상대적으로 미흡한 것이 사실이다.

그래서 공공과 민간의 유기적인 연계를 통한 폭발적인 시너지 효과를 충분히 낼 수 있는 잠재력이 풍부한 민간 조직들과 자원들의 역량이 상당함에도 불구하고, 그 힘을 제대로 발휘하지 못해 온 것이 아니냐는 조심스러운 평가를 해 볼 수 있을 것이다. 또한 각각의 민간 사회복지 조직들과 자원들의 장애인복지 사업들 간의 '선택과 집중'을 향한 조정과 융합 등이 실현될 때, 얻을 수 있는 유익도 대단히 클 것으로 보이는데, 그동안 상호 간의 소통이 부족했던 것이 사실이다.

이에 우리나라 장애인복지의 발전을 위한 정책의 방향과 실제적인 방안을 "사례관리 실천을 통한 〈공공+민간〉 네트워크 구축"을 향한 관점 하에서 제안하고자 한다.

1) 지역사회 내 사례관리 지원체제 구축

(1) 장애인 대상 사례관리 체제 구축을 통한 종합적인 장애인복지서비스 운영

현재 우리나라에서는 장애인복지관이나 여러 형태의 장애인복지시설, 장애인사업장 등에서 이루어지는 재활서비스와 교육 · 여가 · 복지 · 일자리 사업 등을 종합적으로 관리 · 운영하는 사례관리 지원체제가 구축될 필요가 있다고 판단된다. 가령 장애인시설에서 생활하는 장애인들도 장애인복지관의 서비스를 제공받고자 하는 욕구가 있을 수 있으며 이를 해결하기 위해서는 장애인복지관과 장애인 거주시설들과의 연계를 강화할 수 있을 것이다.

(2) 지속적이고 체계적인 사례관리 교육과 훈련

'사례관리자'라는 새로운 전문가 집단에 대한 인식이 구체화될 수 있도록 체계적인 사례관리 교육과 훈련이 있어야 한다. 가령 사례관리 업무를 집중적으로 담당하는 사회복지사를 사례관리자로 양성하는 방안이 모색되어야 한다. 또한 장애인재활인력을 관리 · 운영하는 전문가를 사례관리자의 또 다른 영역의 업무로 제도화하고 양성하는 방안도 급속하게 마련되어야 할 것이다. 이를 통해 사회복지사들과 다양한 재활전문가에게 지속적이고 체계적인 슈퍼비전과 교육의 기회를 제공하며, 표준화된 사례관리 운영 및 전문성 제고를 위한 직무교육체제를 개발해 나갈 수 있을 것으로 본다.

(3) 사례관리를 통한 장애인재활서비스 접근성 보장

장애인 재활서비스의 접근성을 보장하기 위한 지원들로는 우선 지역사회 내에 있는 장애인복지관과 장애인재활인력에 대한 정기적인 실태조사와 정보축적이 필요하다. 이를 통해 지역별 장애인복지관 및 장애인복지서비스 그리고 장애인재활인력 데이터베이스를 구축 · 관리하고, 장애인복지서비스 및 재활서비스 공급자와 수급자를 연계하는 기능이 사례관리를 통해서 수행되어야 한다. 특히 재활서비스를 잘 실행하고 있는 전문기관들에 대한 정보들을 수집하여 필요할 때 제공하는 일이 요구된다.

2) 사례관리를 통한 장애인 대상 전문 재활서비스 개발과 정착 실현

(1) 재활서비스 수행인력의 전문성 확보

장애인을 대상으로 하는 전문 재활서비스를 개발하고, 성공적으로 정착시키기 위해서는 서비스 수행인력의 전문성 확보가 담보되어야 한다. 사회복지사, 치료사, 재활전문인력 등과 같은 장애인복지서비스 전문가들에 대한 전문성 함양을 위한 다각적인 노력이 요구된다. 이를 뒷받침하기 위해서는 이들 인력에 대한 예산 지원이 요구된다. 가령 이들에 대한 현재의 저임금을 상향 조정하여야 하며 동시에 전문성 함양 교육체계를 수립해 나가야 할 것이다. 특히 장애인재활인력 양성 과정 평가 및 교육 프로그램의 개선, 재활인력 교육 강사 양성 및 전문성 강화, 재활인력 교육매뉴얼 개발 등을 들 수 있다. 나아가 재교육을 통해 재활인력의 서비스 가치를 높이는 것도 재활인력의 전문성을 제고시킬 수 있을 뿐만 아니라 재활인력에 대한 사회적 인식도 개선될 수 있을 것으로 본다.

(2) 다양한 장애인복지서비스 참여 및 수혜 기회 마련

장애인복지 분야에서 이미 개발되어 활발하게 시행되고 있는 다양한 프로그램들을 지역사회 내 장애인들이 원하는 대로 경험할 수 있게끔 하기 위해서는 두 가지 측면의 접근이 필요하다. 첫째, 기존 장애인복지서비스에 대한 효과적인 홍보가 있어야 한다. 둘째, 사회복지사들의 사례관리 실천을 통해 장애인들이 제공받아야 할 장애인복지 프로그램에 대한 분명한 정리가 필요하다.

(3) 다양한 장애인복지 관련 기관들의 상호 연계 및 협력 강화

다양한 장애인복지 관련 기관들의 상호 연계 및 협력을 강화함으로써 장애인복지 프로그램을 활성화시켜 나갈 필요가 있다. 이를 위해서는 각 지방자치단체가 적극적으로 여러 민간 조직들과 기관들을 함께 만날 수 있도록 지원하고 파트너십을 하고자 하는 능동적인 노력이 있어야 한다. 연계와 협력은 각 기관들이 사심 없는 "내려놓음"에서 출발하여 다른 기관에 대한 존중과 배려의 과정을 통한 신뢰 형성이 기본적으로 조성되어야 성공할 수 있다.

(4) 장애인복지서비스에 대한 홍보와 연결

장애인복지관이나 여러 형태의 장애인복지시설에서 제공되는 서비스와 다양한 공공 부문에서 개입되는 유용한 장애인복지서비스에 대해 장애인들이 스스로 접근하지 못하는 경우가 많으므로 '지역주민센터'에서 일하는 사회복지공무원이나 장애인 또는 장애인 담당 공무원을 통해 이러한 장애인복지서비스들이 홍보되고 연결되도록 해야 한다.

3) 비공식적 관계망에 대한 지원 제공

(1) 장애인의 가족기능 강화를 위한 프로그램 개발 및 연계

장애인 문화와 사회 속에서 형성되는 비공식적 관계망은 매우 중요하다. 특히 청각장애인과 같은 장애 영역의 경우 자신들만의 독특한 문화와 삶이 있으므로 비장애 가족들과의 단절과 소외가 있을 가능성이 매우 높다. 그러므로 장애인 당사자만이 아닌 그 가족 전체에 대한 개입실천이 반드시 필요하다. 특히 우리나라의 장애인복지관은 이미 장애인의 가족기능 강화를 위한 구체적이며 실질적인 프로그램을 개발해서 시행하고 있는데, 이러한 프로그램을 관련 기관과 협력하여 보다 더 효과적이며 수준 높은 프로그램으로 발전시켜 나갈 필요가 있다고 본다. 가령 지역사회 내 정신건강복지센터나 건강가정지원센터 등과 연계하여 장애인 대상의 가족기능 강화 프로그램을 혁신적으로 발전시킬 수 있으며 장애인복지관에서의 유사 프로그램을 장애인 거주시설에 탐색 · 연결하고 이를 활성화시킬 수도 있을 것이다.

(2) 장애인동료상담 등을 통한 주변 지지체계 강화

장애인을 대상으로 하는 비공식적 관계망은 같은 서비스를 받는 동료, 이웃 등을 통해서도 강화될 수 있다. 장애인복지서비스와 프로그램을 통한 동료 장애인과의 만남은 장애인 서비스이용자들에게 매우 중요한 지지체계로 나타날 것이다. 이러한 주변 지지체계를 강화하기 위해서는 무엇보다 동료들과의 상담 및 만남을 통해 이뤄져야 한다. 특히 장애인 거주시설과 장애인복지관 등이 적극적으로 연계하여 “동료상담, 동료만남,

좋은 친구 되기" 등과 같은 프로그램을 공동으로 개발하고, 이에 대한 지속적인 홍보와 관련 정보를 제공할 필요가 있다.

4) 지속적인 자기계발과 효과적인 사회적응을 위한 장애인 평생교육 개발

(1) '장애인교육 포털(portal)'의 구축과 운영

장애인교육이 이루어지는 단체의 열악한 교육 환경과 부족한 전문성을 보완하고, 관련 기관들 간의 효율적인 연계를 위하여 여러 장애인복지 관련 기관들이 중앙정부나 지방자치단체의 중재를 통해 공동으로 제작·운영하는 방식으로 포털 구축이 요구된다. 포털의 주요 내용은 다음과 같이 구성될 수 있다. 첫째, 장애인에 대한 이해, 둘째, 장애인 복지와 교육, 직업재활 등과 관련된 시설에 대한 소개 및 안내, 셋째, 장애인교육 관련 기관 및 단체에 대한 소개 및 안내, 넷째, 장애인교육에 대한 각종 자료 공유 및 의견 제시, 다섯째, 공모를 통해 선정된 우수 장애인교육 프로그램에 관한 자료 지원, 여섯째, 장애인교육 관련 커뮤니티 운영 등을 말할 수 있다.

(2) 우수 장애인교육프로그램 공모와 지원 및 프로그램 매뉴얼 개발

첫째, 장애인교육에 대한 인식을 제고하고, 장애인교육에 대한 홍보를 통하여 장애인교육의 활성화를 도모하고 둘째, 우수 장애인교육 프로그램을 발굴하고 다양한 장애인교육 프로그램 개발 의욕을 고취하며 셋째, 우수 장애인교육 프로그램에 관한 정보 공유를 통해 사회복지기관들 간의 네트워크를 형성할 수 있도록 우수 장애인교육 프로그램에 대한 공모 및 지원 프로그램 매뉴얼 개발이 요구된다.

(3) 장애인교육프로그램 매뉴얼 보급

개발된 장애인교육 프로그램 매뉴얼은 장애인복지관련 단체 및 산하 각 지회의 장애인교육 담당인력 및 유관부서 그리고 무엇보다도 각 지역의 장애인교육 관련 시설이나 현장에 직접 보급될 수 있도록 하며, 매뉴얼을 "장애인교육 포털"에 파일 형태로 탑재하여 활용성을 높이도록 한다.

(4) 자원봉사 기회 제공

장애인들에게도 자원봉사 활동을 할 수 있는 구체적인 기회를 만들어 제공해 나갈 필요가 있다. 정부나 지방자치단체 등이 장애인 자원봉사인력에 대한 구체적인 정보를 파악하여 (가칭) "장애인 자원봉사은행"을 구축하여 장애인복지관에 사업 위탁을 한 후, 장애인 자원봉사자가 지닌 자원과 그 자원을 필요로 하는 대상자 및 기관 간에 연계가 자유롭게 이루어질 수 있도록 하여야 할 것이다. "장애인 자원봉사은행"은 앞서 제시한 "장애인교육 포털" 안에 설치하거나 별도의 "장애인 자원봉사 포털"을 구축하여 운영할 수도 있다.

(5) 지식정보 격차 해소방안 마련

창의력과 정보 활용 능력이 중요한 지식정보화 시대인 오늘날에는 자본, 자원, 노동력 등 물질에 대한 소유보다는 창의적인 정보와 지식 생산 및 이용이 더 중요하게 된다. 다시 말해서 창의적 사고와 정보 네트워크

능력이 지식정보사회에 가장 중요한 능력이 된다. 이제는 특정한 지식을 아느냐 모르느냐가 중요한 것이 아니라, 지식과 정보를 어떻게 필요에 따라 네트워크해서 잘 활용할 수 있는가 하는 창의력과 판단력이 더욱 중요해지고 있다. 이런 점에서 지방자치단체들은 다양한 정보들을 장애인들에게 제공하고 장애인 당사자가 스스로 활용할 뿐만 아니라 창조적으로 재생산해서 또 다른 장애인들에게 보급할 수 있는 네트워크를 구축할 필요가 있다.

가령 시청과 구청이나 도서관 등과 같은 공공 기관이나 일반 사회복지 관련 기관들에 대한 접근성이 확보되어야 한다. 이를 위해 지역사회 차원의 안내와 홍보가 이루어져야 하고, 장애인을 대상으로 하는 이용 안내 시스템을 개발하여야 할 뿐만 아니라 훈련된 장애인 전문 자원봉사자를 활용한 안내 서비스 제공이 필요하다. 또한 장애인을 대상으로 사회복지 서비스 개입을 수행하는 서비스 기관 단위에서는 다양한 지식정보서비스를 발굴하고 연결해야 한다. 또한 지역사회 차원에서는 다양한 관련기관 간의 장애인 통합서비스 네트워크를 구축하고 유기적인 협력시스템을 유지·확대해 나가는 노력이 필요하다.

5) 장애인 일자리 창출과 확산

(1) 일할 수 있는 사람으로의 전환

장애 문제를 최소화하기 위해서는 장애인들을 의존적 인구가 아닌 활동적인 인구로 변화시키도록 해야 한다. 장애인도 비장애인과 다름없이 생산력 있는 존재로서 생활할 수 있어야 한다. 이를 위해 장애인도 일할 수 있다는 인식을 시민들에게 적극적으로 계몽할 필요가 있다.

(2) 장애인을 위한 직종 개발과 직능교육

장애인들이 지닌 자원을 최대로 활용하여 사회적 효과를 극대화시킬 수 있는 일자리 분야의 개발과 그와 관련된 직능교육 프로그램의 개발이 요구된다. 즉 장애인을 위한 실질적인 일자리 개발이 요구된다. 특히 의사소통의 어려움을 느끼지 않으면서 신체적 활동에 무리가 되지 않는 직종이 창출될 필요가 있다. 이를 위해서는 정부나 지방자치단체들이 장애인복지관과 한국장애인고용공단에 사업 용역을 발주하여 이들 기관들이 공동으로 장애인을 위한 직종 개발과 직능교육 프로그램을 개발하여 시행토록 할 필요가 있다.

(3) 다양한 장애인 전문직종 개발

단순직종을 넘어서 고령층의 다양한 전문직 진출이 기대된다. 특히 장애인들의 경험과 전문성이 요구되는 전문 직업교육 및 훈련, 평생교육, 장애인교육, 경영 컨설팅, 상담 등 다양한 평생교육 관련 분야에 장애인의 진출이 확대될 수 있도록 장애인 채용기업에 대한 인센티브 확대, 채용정보 제공, 구직정보센터 운영 등이 요구된다.

이상에서 제시한 향후 전망과 그에 따른 과제들이 효과적으로 해결될 때, 비로소 지역사회에서 제공되는 장애인복지서비스를 누리며 살아가고 있는 모든 장애인과 그 가족들 그리고 그들과 '함께 더불어' 살아가는 모든 시민들이 행복하게 되는 큰 걸음이 가능하게 될 것이다. 특히 네트워크로 불리는 연계와 협력을 기반으로 하는 통합관리 지원체제 구축이 구체화됨으로써 가시화되는 지역사회 중심의 장애인복지서비스 실천 개입의 효과를 다음 [그림 11-2]와 같이 정리해 보았다.

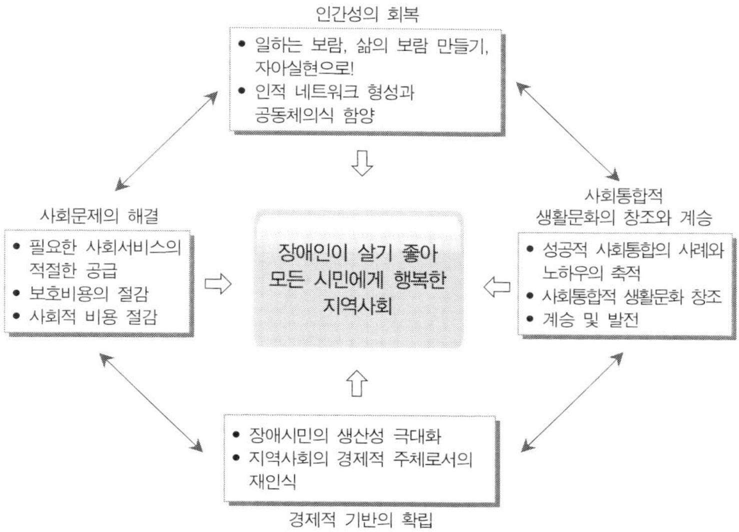

[그림 11-2] 향후 장애인복지서비스를 통해 기대되는 실천개입의 효과

첫 번째 효과는 인간성 회복이다. 이는 장애인과 비장애인 모두 일하는 보람과 삶의 보람 그리고 자아실현으로 연결되게 할 것이다. 상상해 보자! 지역사회에 있는 장애인복지관 혹은 직업재활시설 등에서 일하는 장애인들이 월급을 받는다. 지금까지 좀처럼 화장을 하지 않았던 여성 장애인들의 경우 화장을 하기 시작한다. 매사에 의욕을 보이기 시작한다. 건강도 좋아지고 다른 사람들과 즐거운 친교의 시간도 가진다. 부모에게 용돈을 드리는 장애인도 생긴다. 자연스럽게 자기만족도 얻을 수 있게 된다. 장애인도 지역사회의 주체가 될 수 있고, 생산 가능한 인재라는 인식이 확대되어 간다. 무엇보다도 중요한 것은 장애인도 일할 수 있다는

것이다. 장애인 스스로가 일하는 보람을 되찾게 되었다는 사실이다.

두 번째 효과로 지역사회의 문제해결을 생각해 볼 수 있다. 장애인을 단지 돌보아야 하는 존재로만 알고 있었던 상황에서 필요한 사회서비스가 제공되기만 한다면 보호 비용은 절감될 수 있고, 이는 즉각적으로 사회적 경비 절감으로 이어진다는 사실이다. 이것이야말로 '장애'라고 하는 사회적 문제를 해결하는 것이다.

세 번째 효과는 사회통합적인 생활 문화의 창조와 계승이다. 장애인들에게도 가치 있는 사회적인 역할을 창출하여 그 역할을 감당하게끔 기회를 부여해 주어야 한다. 그래서 장애인들이 성공적으로 그 역할들을 해내고, 이는 결과적으로 지역사회에 소중한 사회통합의 모델이 되어야 한다. 고스란히 그 성공 사례는 장애인과 비장애인이 더불어 함께 살아가는 '생활 문화'로 창조되고 계승되어가야 하는 것이다.

네 번째 효과는 경제적 기반의 확립이다. 장애인이 지역사회에서 생산성을 발휘하게 되면 지역의 경제적 기반 확립에도 도움이 될 것이다. 장애인의 직업적 역량이 크게 강화되어 장애인들이 비장애인들 못지않게 지역경제 활성화에 크게 기여하는 날이 오게 될 것이다.

끝으로 보다 발전적인 우리나라 장애인복지서비스의 비전과 목적 및 목표를 다음과 같이 제안하는 것으로 이 책을 마무리하고자 한다.

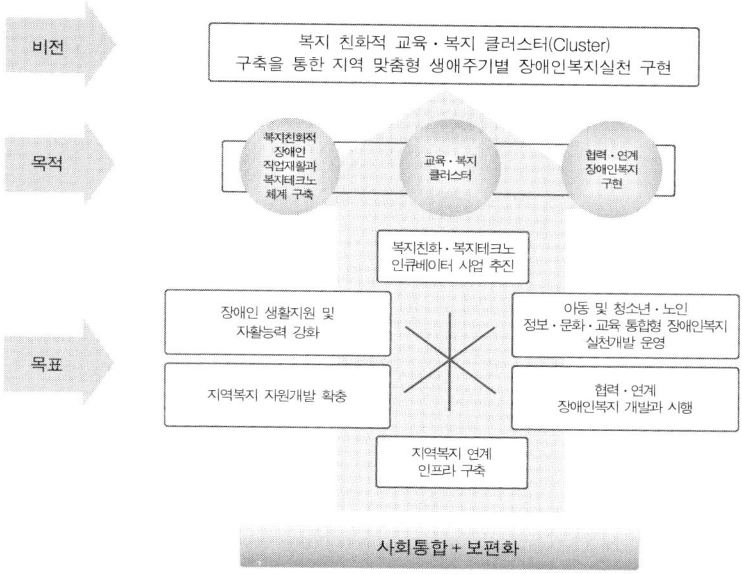

[그림 11-3] 향후 우리나라 장애인복지서비스의 비전, 목적, 목표 제안

참고문헌

강병근, 김상운, 강태성, 김인순 (2009). 장애인 주간보호시설의 실태분석에 관한 연구. **대한건축학회 논문집: 계획계, 25**(7), 3-11.

강창욱, 김해용, 이준우 (2006). **장애인복지선교개론**. 고양: 서현사.

김도현 (2009). **장애학 함께 읽기**. 서울: (주)그린비출판사.

김봉선 (2010). 장애인 자립생활운동에 나타난 임파워먼트 과정 연구. **한국사회복지학, 62**(2), 375-397.

김성수 (2009). 정부부문 장애인 고용부담금 부과에 대한 법률적 검토와 대안. 성남: 한국장애인고용공단.

김연신 (2011). 수화통역사의 역할에 관한 연구: 수화통역의 영역과 수화통역사의 역할 수준을 중심으로. 강남대학교 사회복지전문대학원 박사학위논문.

김용득 (2008). 이용자 선택과 장애인거주서비스의 개편. 2007 성공회대학교 사회복지연구소 연구 성과 발표회 자료집.

김종인, 우주형, 이준우 (2010). **장애인복지론**. 고양: 서현사.

김종일 (2001). **복지에서 노동으로: 노동중심적 복지국가의 비판적 이해**. 서울: 일신사.

김홍덕 (2010). **장애신학**. 대전: 도서출판 대장간.

나카조노 야스오 (1982). **정상화원리의 연구**. 성명옥 역 (2004). 서울: 창지사.

문순홍 (2006). **생태학의 담론**. 도서출판 아르케.

박옥희 (2004). **장애인복지론**. 고양: 학문사.

변용찬 (2010). 장애인활동지원법률(안)의 제정 필요성과 주요 내용. 장애인활동지원에 관한 법률안에 대한 공청회 자료집, 보건복지부.

변용찬 외 (2009). 2008년 장애인 실태조사. 서울: 보건사회연구원.

보건복지부 (2010). 보건복지포럼 2010년 10월호.

보건복지부 (2012). 2012년 장애인 거주시설 사업안내.

보건복지부 (2015). 중증장애인자립생활지원센터 사업 안내. 보건복지부.

보건복지부 (2016a). 2016년 장애인연금 사업 안내. 보건복지부.

보건복지부 (2016b). 2016 보건복지통계연보. 보건복지부.

보건복지부 (2016c). 2016년 장애인복지시설 사업 안내. 보건복지부.

보건복지부 (2016d). 2016년 장애인복지사업 안내(I). 보건복지부.

송임숙 (2005). 장애인심부름센터 이용실태 및 이동욕구 조사연구. 동국대학교 복지행정학과 석사학위논문.

신용옥 (2010). 경상남도 발달장애인 서비스보장 실태와 제도개선 방향. 발달장애인 지역사회 지원체계 구축을 위한 한-미 국제포럼 자료집, 전국장애인부모연대.

엄현정 (2006). 한국 발달장애인의 권리보장과 지원에 관한 연구: 발달장애인법 제정을 중심으로. 서강대학교 공공정책대학원 사회복지전공 석사학위 논문.

유동철 (2009). **인권 관점에서 보는 장애인복지**. 파주: 집문당.

유동철 (2010). 장애인연금 도입의 의의와 향후 과제. 보건복지포럼, 164, 40-45.

윤상용 (2007). 2007년 장애수당제도 개편의 의의와 중장기 개선 방향. 보건복지포럼, 127, 41-54.

윤상용, 김태완 (2008). 장애인 소득보장과 정책과제. 보건복지포럼, 138, 35-49.

이선우 (2009). **장애인복지의 이론과 실제**. 파주: 집문당.

이성규 (2000). **사회통합과 장애인복지 정치**. 서울: 나남.

이성규 (2001). **장애인복지정책과 노말라이제이션 : 정상성 개념의 형성과 진화**. 서울: 홍익재.

이준우 (2001). **장애인과 지역사회**. 서울: 한국밀알선교단출판부.

이준우 (2012). **장애인복지정책과 실천**. 파주: 나남.

이준우, 김성태 (2010). **장애인직업재활개론**. 고양: 서현사.

이준우, 김성태, 정지웅, 진홍섭 (2010). 근로장애인 직업적응능력 향상 프로그램 개발. **장애와고용**, 20(2), 5-30.

이준우, 정지웅, 김성태, 임수정 (2012). 장애인지원센터, 지방자치단체, 서비스제공기관의 역할 정립 및 연계방안 연구. 국민연금연구원 연구용역보고서.

전선옥, 곽승철 (2007). 통합교육과 SRV를 위한 장애담론의 인문학적 확장: 연극 다시 보기를 통한 장애 재개념화의 한 시도. **특수교육저널: 이론과 실천, 8**(1), 363-379.

정지웅 (2010). 계몽주의시대 정신장애인 문제의 장애학적 고찰. **교회사회사업, 10**, 35-55.

정지웅 (2016). 성찰적 근대화론의 장애학적 함의 - 개인화를 중심으로. **비판사회정책, 52**, 147-178.

조한진 (2011). 장애학에 대한 재고찰. **특수교육저널- 이론과 실천, 12**(4), 1-25

한국장애인개발원 (2010). 2010 장애인백서.

홍윤기 (1997). 사회장애, 장애이데올로기. 장애인에 관한 여론조사 발표회 및 세미나 자료집. 장애인먼저실천중앙협의회.

홍찬숙 (2013). 개인화와 '젠더사회'- 개인화 시대의 사회불평등 양상. **한국사회학, 47**(1), 255-276

Beck, Ulrich (1992). *Risk Society: Towards a New Modernity*. New Delhi: Sage.

Bell, M. D. (1996). Clinical benefit of paid work activity in schizophrenia. *Schizophrenia Bulletin, 22*(1), 51-62.

Johnstone, David. (2001). **장애학 개론**. 윤삼호 역 (2007). 대구: 대구DPI.

Juliet C. Rothman (2003). *Social Work Practice Across Disability*. 이준우 옮김 (2008). **장애인과 함께하는 사회복지실천**. 서울: 파란마음.

Tully, K. (1986). *Improving Residential Life for Disabled People*. Melbourne, Edinburgh, Lomdon & New York: Chuchill Livingstone.

● 국내 인터넷 사이트

경기도농아인협회. http://ggdeaf.or.kr

경기도장애인생산품판매시설. http://www.gom.or.kr

경기도통신중계서비스센터. http://www.trs.or.kr

경북시각장애인연합회. http://www.whitestick.or.kr

고양시장애인 주간보호센터. http://www.gydcc.or.kr

광주광역시장애인생산품판매시설. http://www.kjgom.or.kr

구세군장애인 주간보호시설. http://blog.naver.com/kuseakunday.do

국가지표체계. http://www.index.go.kr/

국립국어원. http://korean.go.kr

국립국어원 한국수어사전. http://sldict.korean.go.kr

국립재활원. http://www.nrc.go.kr

국민연금공단. http://www.nps.or.kr

대구장애인생산품판매시설. http://www.gomdury.or.kr

동작구장애인보호작업장. http://www.workshop.or.kr/main/main.php

무지개복지센터. http://www.rainbow.djsiseol.or.kr

법제처 국가법령정보센터. http://www.law.go.kr

보건복지부. http://mw.go.kr

보건복지부 사회서비스 전자바우처. http://www.socialservice.or.kr

서울시립장애인종합복지관. http://www.seoulrehab.or.kr

서울시복지재단 장애인생활시설. http://happy-search.welfare.seoul.kr

서울시장애인복지시설안내. http://disability.seoul.go.kr

서울장애인자립생활센터. http://www.scil.or.kr

서울특별시립 장애인생산품판매시설. http://www.ablemarket.or.kr

손말이음센터. http://www.relaycall.or.kr

장애인연금. http://www.bokjiro.go.kr/pension
장애인활동지원. http://www.ableservice.or.kr
제주특별자치도 장애인생산품판매시설. http://www.jjgom.or.kr
춘천시장애인근로사업장. http://www.banbmall.com
충북시각장애인복지연합회. http://www.blind.or.kr
통계청 국가통계포털(KOSIS). http://kosis.kr
한국농아인협회. http://www.deafkorea.com
한국농아인협회 수화통역사 시험 · 교육. http://slitt.deafkorea.com
한국보건사회연구원. http://www.kihasa.re.kr
한국시각장애인연합회. http://www.kbuseoul.org
한국장애인개발원. http://www.koddi.or.kr
한국장애인개발원 중앙장애아동지원센터. http://www.koddi.or.kr/service/children.jsp
한국장애인고용공단. http://www.kead.or.kr
한국장애인고용공단 고용개발원. https://edi.kead.or.kr
한국장애인복지관협회. http://www.hinet.or.kr
한국장애인복지시설협회. http://www.kawid.or.kr
한국장애인직업재활시설협회. http://www.kavrd.or.kr
한국정보화진흥원. http://www.nia.or.kr
행복한일터 장애인보호작업장. http://www.369369.or.kr

해외 인터넷 사이트

미국 법정 변호사협회 법률 및 노인위원회. "후견제법 및 실천".

Commission on Law and Aging of the American Bar Association. "Guardianship Law & Practice".

http://www.americanbar.org/groups/law_aging/resources/guardianship_law_practice.html#guardianshipjurisdiction

세계보건기구(WHO) CBR사업안내. http://www.who.int/disabilities/cbr/en

스웨덴자립생활연구소. http://www.independentliving.org

스위스 연합 연방제. "스위스 연합 안내".

The Federal Authorities of the Swiss Confederation. "The Swiss Confederation a brief guide".

http://www.admin.ch/dokumentation/00104/index.html?lang=en

유럽 인크루션. "독인 후견제법 발행에 대한 영어 가이드".

Inclusion Europe. "English speaking guide on German guardianship law published".

http://www.e-include.eu/en/news/753-english-speaking-guide-on-german-migration-law-published

일본 규슈대학교 일본 법 투명도 프로젝트. "국제 재화 및 용역".

Transparency of Japanese Law Project of the Kyushu University. "International Goods and Services Law".

http://www.tomeika.jur.kyushu-u.ac.jp/transactionlegislation.html

일본 도쿄변호사회 노인 · 장애인 종합지원센터. "오아시스".

http://www.horitsu-sodan.jp/s_center/oasis.html

일본 도쿄사회복지사회 권리옹호센터. "파트너".

http://www.tokyo-csw.org/fs_tominn/seinen.html

일본 사법서사회 공익사단법인 성년후견센터. "리걸 서포트".

- http://www.legal-support.or.jp

호주 공공변호청. "행정 및 후견제".

- Office of The Public Advocate. "Administartion & Guardianship".
- http://www.publicadvocate.vic.gov.au/administration-&-guardianship

찾아보기

저 / 자 / 소 / 개

이준우(李峻宇)

강남대학교 사회복지전문대학원 교수
강남대학교 일반대학원 수화언어통번역학과 주임교수
한국위기상황스트레스관리(CISM)연구소 소장
베데스다사회복지연구원 원장
지구촌교회 협동목사

총신대학교 종교교육학과 및 신학대학원 졸업
숭실대학교 대학원 사회복지학 석사 · 박사(MA, Ph.D)
사우스웨스턴침례신학대학원 목회학 박사(D.Min)

[장애인복지 관련 저술]

- 남북한 장애인복지실천 협력모델 수립에 관한 연구(2015)
- 교회 협력에 기초한 장애인복지실천에 관한 사례연구: '남서울은혜교회'와 한국밀알선교단 · 밀알복지재단' 간의 상호연계 사례를 중심으로(2015)
- 중고령 발달장애인 주간보호시설 종사자를 위한 교육프로그램 개발연구(2015)
- 발달장애인의 직업생활에 관한 문화기술지(2014)
- 정보화 수준이 청각장애(농)인의 역량강화에 미치는 영향 연구(2012)
- 장애신학과 교회사회사업(2011)
- 《수화의 이해와 실제》, 《장애인복지론》, 《장애인직업재활개론》, 《정신보건사회복지론》, 《정신건강론》, 《데프 앤 데프》, 《장애인복지정책과 실천》 등 다수

정지웅(鄭智雄)

배재대학교 복지신학과 교수
한국장애학회 연구분과위원장
한국장애인사역연구소 연구원(전)
경기개발연구원 연구원(전)

강원대학교 사회과학대학 심리학과 졸업
강남대학교 사회복지학 석사 · 박사(MSW, DSW)

[장애인복지 관련 저술]

- 북한 장애인복지정책 분석(2016)
- 북한 장애인 관련 법규의 장애학적 고찰: 노동지상주의와 집단주의가 초래하는 장애 억압(2016)
- 성찰적 근대화론의 장애학적 함의: 개인화를 중심으로(2016)
- A Study on Policy Directions of Work Assistance Service Based on the Characteristics of the Service Users(2016)
- 한국장애인고용공단 취업알선사업 성과평가(2013)
- 장애인복지공급체계 개편 방향 탐색(2012)
- 근로장애인 직업적응능력 향상 프로그램 개발(2010)
- 계몽주의시대 정신장애인문제의 장애학적 고찰(2009)
- 《장애인복지의 이해: 이론, 제도, 경험》

한국 장애인복지정책의 실제와 대안(2판)

2014년 3월 5일 1판 1쇄 인쇄
2014년 3월 10일 1판 1쇄 발행
2017년 5월 10일 2판 1쇄 발행
2018년 9월 10일 2판 2쇄 발행

지 은 이 이준우 정지웅
펴 낸 이 최용구
펴 낸 곳 도서출판 신정

주 소 (04316) 서울시 용산구 원효로 89길 19 (원효로1가)
전 화 02)3211-4782 · 0266(영업부), 3211-4783(편집부), 3211-4784(팩스)
이 메 일 shinjeong72@naver.com
홈페이지 www.sjbook.co.kr
등 록 2001년 5월 11일 제13-702호

기획마케팅 최용구 장만동 송대용 최충구
책임편집 석기은 황가연
표 지 SDY

ISBN 978-89-5912-426-8 93330

정 가 12,000원